ARCHITECTURE
ANTIQUE
DE LA SICILE

OU

RECUEIL

DES PLUS INTÉRESSANS MONUMENS D'ARCHITECTURE

DES VILLES ET DES LIEUX

LES PLUS REMARQUABLES DE LA SICILE ANCIENNE;

MESURÉS ET DESSINÉS

PAR J. HITTORFF ET L. ZANTH,

ARCHITECTES.

2ME LIVRAISON.

NOTICE SOMMAIRE DES PLANCHES.

SEGESTE.

Pl. 8. *F. I.* Coupe transversale du théâtre dans son état actuel. *a.* Partie d'une substruction des gradins. (voy. Pl. 7. *F. I.* let. *c.*) *b.* Restes d'un escalier et de plusieurs gradins. (voy. ib. let. *b.*) *c.* Coupe de la partie existante de l'escalier et des gradins. *d.* Sol au niveau des deux entrées. (voy. ib. let. *e.* et *d.*) *e. f.* Escalier et gradins restaurés. *g.* Entrée. (voy. ib. let. *e.*) *F. II.* Élévation du théâtre dans son état actuel. *a.* Restes d'un escalier et de plusieurs gradins. *b.* Entrée. (voy. Pl. 7. *F. I.* let. *d.*) *c.* Porte conduisant à des substructions supposées des aqueducs souterrains.

Pl. 9. *F. I.* Plan restauré du théâtre. *F. II.* Coupe restaurée du théâtre prise sur la ligne *a b* du plan.

SELINUNTE.

Pl. 10. Plan général des ruines de l'ancienne ville de Selinunte. *a. b. c. d.* Temples situés sur la colline occidentale, ou l'Acropolis. *e.* Murs antiques de l'Acropolis. *f. g.* Puits antiques. *h.* Tour de garde d'une construction moderne. *i. k. l.* Constructions modernes. *m. n.* Vestiges de constructions anciennes. *o.* Colline septentrionale. *p.* Ruines d'une tour moderne élevée sur des substructions antiques. *q.* Vallon supposé l'ancien port. *r. s. t.* Temples situés sur la colline orientale. *u.* Casin du chevalier Paola. *v.* Rivière du Madiuni, l'ancien Selinus.

Pl. 11. Vue générale des ruines de Selinunte, prise dans l'Acropolis.

Pl. 12. *F. I.* Plan du temple *a.* dans l'Acropolis. Son état actuel se distingue par une teinte plus forte, les parties restaurées par une teinte plus faible; les endroits fouillés sont désignés par une ligne ponctuée qui les circonscrit. *a.* Débris d'un escalier moderne. *b.* Emmarchement restauré. *c.* Pteroma ou portique entourant la Cella. *d.* Pronaos. *e.* Naos ou Cella. *f.* Opisthodome ou trésor. *g.* Posticum. *F. II.* Coupe longitudinale du temple dans son état actuel.

Pl. 13. *F. I.* Élévation restaurée du temple *a.* *F. II.* Coupe restaurée du même temple.

N. B. LA LISTE DES SOUSCRIPTEURS NE SERA OUVERTE QUE JUSQU'AU 1er JANVIER 1828; APRÈS CETTE ÉPOQUE LE PRIX DE CHAQUE LIVRAISON SERA, SUR PAPIER ORDINAIRE, DE 12 FRANCS; SUR PAPIER VÉLIN, DE 21 FRANCS; SUR PAPIER DE CHINE, DE 30 FRANCS.

PARIS.

J. HITTORFF, ARCHITECTE DU ROI,
RUE COQUENARD, N. 31;

JULES RENOUARD, LIBRAIRE, —— BANCE AINÉ, Md D'ESTAMPES,
RUE DE TOURNON, N. 6; RUE SAINT-DENIS, N. 214;

ET CHEZ TOUS LES LIBRAIRES ET MARCHANDS D'ESTAMPES DE LA FRANCE ET DE L'ÉTRANGER.

IMPRIMÉ CHEZ PAUL RENOUARD, RUE GARENCIÈRE, N. 5, F. S.-G.

PROSPECTUS.

Le principal but de mon voyage en Sicile ayant été de me livrer à une étude rigoureuse et à des recherches approfondies sur l'architecture antique de cette île célèbre, j'ai eu la satisfaction de voir le succès répondre à mes efforts. Préparé d'avance au travail que je m'étais proposé, j'en réalisai l'exécution dans le courant des années 1823 et 1824. Des permissions spéciales m'autorisaient à explorer tous les lieux et à y faire des fouilles; j'étais accompagné de M. Zanth, mon élève et mon ami, et d'un autre architecte, M. Stier, que j'avais amené de Rome à mes frais; nous étions munis des instrumens nécessaires. Il nous fut facile de nous convaincre, pendant toute la durée de nos travaux, combien les ouvrages publiés sur la Sicile ancienne étaient incomplets, incorrects, et surtout peu propres à donner une juste idée de ses monumens.

Sans parler des œuvres du P. Pancrazi, de Pigonati, de Saint-Non, de Houel et des autres auteurs du dernier siècle, l'insuffisance et l'imperfection des documens sont surtout remarquables dans l'ouvrage anglais intitulé *Magna Græcia*, publié à Cambridge, en 1807. Les vues, plans, coupes et élévations, les monumens restaurés, et jusqu'aux moindres détails d'architecture, tout y porte l'empreinte de l'inexactitude; défaut d'autant plus fâcheux, que le premier mérite de ces sortes d'ouvrages est d'être vrais, puisque les erreurs qu'ils contiennent se propagent dans les écrits des savans et dans les travaux des artistes. Outre le manque de vérité dans la représentation des monumens, ce recueil en omet un plus grand nombre.

Tels sont, parmi les ruines de Sélinunte, les trois temples de l'Acropolis, les métopes sculptées et plusieurs autres fragmens de sculpture coloriée, que l'on doit aux intéressantes recherches de MM. Harris et Angel. Un autre temple que nous découvrîmes dans les mêmes lieux, les théâtres, odéons, et amphithéâtres de Catane, de Syracuse, de Tyndaris et de Taormine, les tombeaux et autres monumens de cette dernière cité, les beaux restes de l'ancienne Acré, une construction cyclopéenne de Céphalœdis, la chapelle de Phalaris, le temple de Jupiter-Olympien, et enfin, les fragmens d'architecture recueillis dans les fouilles que j'ai fait faire moi-même, tout cet ensemble de matériaux manque dans l'ouvrage anglais, dans tous les ouvrages publiés jusqu'à ce jour, et même dans celui que M. Angel vient de publier à Londres, et qui traite particulièrement des métopes sculptées de Sélinunte.

C'est donc avec confiance que je puis annoncer mon travail comme entièrement inédit, comme intéressant et utile pour les architectes, comme indispensable à tous ceux qui s'occupent des arts en général, de l'histoire de l'architecture en Sicile et de l'histoire spéciale de l'antiquité.

Mon ouvrage, conçu d'après le système de celui de Stuart et Revett, et des *Antiquités inédites de l'Attique*, sera complété par des planches coloriées et des vues perspectives de plusieurs monumens restaurés.

Le Recueil se composera de 180 planches. Son ensemble offrira,

Une carte de la Sicile;

Les plans topographiques de plusieurs villes antiques;

Un choix des plus belles médailles;

Les vues des ruines les plus remarquables, terminées au burin;

Les plans, dans leur état actuel et restauré, de quatorze temples, six théâtres, deux amphithéâtres, deux odéons, de plusieurs tombeaux et autres monumens;

Les coupes et élévations, gravées au trait, de chacun de ces monumens, dans son état actuel.

Les restaurations, au trait, de ces mêmes monumens;

Plusieurs de ces restaurations coloriées, et quelques-unes en perspective;

Les détails d'architecture, avec l'indication du système de construction des édifices, et parmi ces détails, outre les différens exemples de l'ordre dorique grec, plusieurs exemples des ordres ionique et corinthien;

Enfin les métopes sculptées des temples de Sélinunte, les figures colossales de l'intérieur du temple de Jupiter-Olympien, les restes des sculptures des frontons de ce temple, et plusieurs autres fragmens trouvés à Agrigente, Taormine, Syracuse, Catane et Acré; ces dernières planches ombrées et coloriées.

Si ce recueil présente déjà un grand intérêt par la diversité des monumens qu'il doit contenir, la variété de la disposition parmi les édifices d'une destination semblable devient également intéressante et instructive.

Depuis la simple tombe creusée dans le sol, évidée dans le roc et sculptée sur sa surface, jusqu'aux tombeaux élevés près des villes somptueuses et aux sarcophages ornés de riches sculptures, tous les monumens funéraires offrent une grande diversité par leur importance respective, leur forme ou leur caractère.

Les théâtres présentent des exemples de tous les temps, ainsi que de toutes les grandeurs. Dans ceux de Ségeste, d'Acré, de Tindaris, dans l'immense hémicycle de Syracuse, on retrouvera les types primitifs et consacrés du théâtre grec; dans les majestueux débris de celui de Taormine, la magnificence romaine unie à la splendeur des descendans de la Grèce; dans le théâtre de Catane, une construction toute romaine.

Les temples, non moins variés par la grandeur, la forme et les ordres d'architecture, comprendront presque tous les genres de ces monumens dont parle Vitruve, et plusieurs d'une distribution entièrement différente.

Parmi ces temples, celui de Jupiter, à Agrigente, est un des plus grands de l'antiquité: plus spécialement connu par la description que Diodore de Sicile en a laissée, il a de tout temps occupé les archéologues et les artistes; mais leurs recherches n'ont pu donner lieu qu'à des conjectures plus ou moins hasardées sur sa forme originaire. M. Cockerell fut le premier qui obtint un commencement de résultat, et son intéressante restauration donne l'idée la moins incomplète de cet édifice.

Plus heureux que mes devanciers, riche du produit de mes nombreuses fouilles, en possession de matériaux abondans, appuyé sur des documens pour la plupart irrécusables, j'ai pu retracer dans ma restauration, avec des élémens plus précis, cette construction immense, qui égalait dans sa hauteur la colonne trajane, et dont les colonnes étaient d'un diamètre plus fort que celui de ce monument, déjà si colossal à nos yeux.

A Sélinunte où les temples sont surtout curieux par la diversité et l'originalité des plans, celui que l'on croit avoir été aussi consacré à Jupiter est un édifice d'une grandeur remarquable. Octostyle, hypètre, pseudodyptère, périptère, il présente une disposition toute particulière dans son pronaos. Entouré de cinquante-quatre colonnes entièrement isolées, de plus de dix pieds de diamètre, ce temple, presque aussi vaste que celui d'Agrigente, est certainement une des plus belles productions de ce genre dont la connaissance soit parvenue jusqu'à nous.

Parmi les ruines de ce monument, comme dans toutes celles de la même ville, il existe de nombreux fragmens de sculpture et d'architecture, peints de différentes couleurs ou couverts de stucs coloriés. Les traces de ce système que nous avons retrouvées à Agrigente, à Syracuse, à Acré, à Catane, réunies au témoignage des monumens d'Athènes, d'Egine et de Phygalie, ne laisseront plus de doutes sur l'usage adopté par les anciens, de colorier leur sculpture et leur architecture, de rehausser par la couleur et les ornemens peints, non-seulement l'intérieur de leurs temples, mais encore les murs extérieurs de la cella, les colonnes, les architraves, les métopes, les corniches, les frontons et jusqu'aux tuiles des toits.

Ces faits bien avérés, et beaucoup d'autres découvertes sur les emmarchemens, la couverture, le système de bâtir et celui des différens genres de sculpture employés dans la construction et la décoration des monumens, jetteront une nouvelle lumière sur le génie des anciens, par rapport à l'architecture et à tous les arts qui en dépendent.

Si parmi ces découvertes, l'application de la peinture sur les productions de l'art plastique et de l'architecture paraît contraire aux idées généralement accréditées jusqu'ici contre l'adoption de ce système chez les Grecs, il n'en est pas moins constant aujourd'hui que ce système a été admis par eux et par tous les peuples dont l'architecture nous est connue; ce système est d'ailleurs tellement en harmonie avec la richesse de la nature, qu'il aurait fallu peut-être s'étonner davantage de n'en avoir pas trouvé l'application sur les monumens de la Sicile.

Lorsqu'on a visité l'antique *Trinacrie*, qu'on a vécu dans le pays, qu'on a pu admirer le ciel de cette terre fortunée; quand on a vu le soleil répandre sa clarté matinale sur toute la surface de l'*Ile-Verte*, et l'envelopper de ses derniers rayons comme d'un réseau d'or; quand on a observé les brillantes couleurs qui nuancent, en Sicile, le laurier, le palmier, l'aloès, le myrte, l'oranger, en un mot, tout ce que le sol produit au sein du désert comme au milieu du champ cultivé, on demeure convaincu que l'artiste devait puiser ses inspirations dans les beautés qui l'entouraient, se mettre en rapport avec elles, et enrichir l'œuvre de l'art de tout l'éclat de la nature.

Les temples de la Sicile, conçus et exécutés d'après ces principes, devaient offrir cette élégante et majestueuse beauté, qui fut le poétique apanage des divinités de la Grèce. Bâtis comme pour l'éternité, leurs ruines commandent encore le respect. Depuis des milliers d'années, délaissées ou ravagées par les hommes, ébranlées par les tremblemens de terre, des colonnes de cinquante pieds de haut s'élèvent encore au milieu des débris qui les environnent; dénuées de leurs couronnemens, ne supportant plus, ni le triglyphe, ni la métope, ni le fronton, elles paraissent autant de cippes funéraires, qui rappellent la grandeur passée de leurs fondateurs.

L'ouvrage sur l'architecture antique de la Sicile comprenant les monumens de la plus haute antiquité jusqu'à la décadence de l'art, et l'ouvrage sur l'architecture moderne de la Sicile (1) offrant les édifices construits depuis la renaissance jusqu'à nos jours, ces deux Recueils réunis formeront le tableau complet de l'histoire de cet art, dans un des pays les plus célèbres de l'antiquité.

Dans tout mon voyage, mes efforts ont été constamment secondés par ceux de MM. Zanth et Stier, et je dois à leur talent, à leur zèle, à leur amitié, d'avoir conduit à fin une entreprise que nous n'avons pu exécuter sans de grands périls, des dangers éminens et d'innombrables fatigues. Quant à la mise au net des dessins, dont je n'ai cessé de m'occuper depuis mon retour, M. Zanth seul a partagé ce travail avec moi.

La gravure des planches est confiée à nos plus habiles artistes; j'en dirige moi-même l'exécution, et j'ai lieu de croire que le résultat en sera satisfaisant.

Ayant ainsi rassemblé tous les moyens qui étaient à ma disposition, n'ayant épargné ni soins ni sacrifices pour perfectionner mon travail, je puis assurer qu'il fera connaître avec une précision consciencieuse, tous les monumens intéressans de l'architecture antique de la Sicile, et j'ose espérer qu'il justifiera l'attente du public.

J. HITTORFF.

(1) Ce dernier ouvrage, qui se composera de dix-huit livraisons, et dont les sept premières sont déjà publiées, continuera de paraître sans interruption, concurremment avec celui qui est l'objet de ce prospectus.

CONDITIONS DE LA SOUSCRIPTION.

L'Ouvrage se composera de 30 livraisons.—Chaque Livraison contiendra 6 planches grand in-fol. dont plusieurs seront coloriées.—Un volume de texte sera remis *gratis* aux Souscripteurs, à la fin de l'Ouvrage.

La première livraison paraîtra dans le courant du mois de mai 1827, et les livraisons suivantes se succéderont régulièrement de mois en mois.

Une notice sommaire, suffisante pour l'intelligence des planches, accompagnera chaque livraison.

LE PRIX DE CHAQUE LIVRAISON EST, POUR LES SOUSCRIPTEURS :

Sur papier colombier fin . . . . 10 fr.
Sur colombier vélin . . . . 20 fr.
Sur colombier vélin, avec les planches sur papier de Chine . . . . 25 fr.

La Liste des Souscripteurs sera imprimée à la fin de l'Ouvrage.

Ire LIVRAISON.

NOTICE SOMMAIRE DES PLANCHES.

SEGESTE.

Pl. 2. Vue des ruines du temple. (1)

Pl. 3. Plan du temple. Son état actuel se distingue par une teinte plus forte, et les parties restaurées par une teinte plus faible. Autour des colonnes et dans les entre-colonnemens sont indiquées les assises encore existantes des fondations. L'emmarchement sur la façade principale est restauré d'après de pareils exemples trouvés à Sélinunte.

Pl. 4. *F. I.* Coupe transversale du temple dans son état actuel. Elle présente, comme tout le monument, les traces d'une construction abandonnée avant d'avoir été achevée. *F. II.* Élévation restaurée du temple. Cette restauration n'est pas complète; les joints y étant représentés apparens, elle a pour but principal de montrer l'édifice avec son appareil. Ce détail de la construction disparaissait sur les monumens de la Sicile que l'on recouvrait d'un stuc colorié.

(1) La planche 1re, représentant la carte de la Sicile, paraîtra dans une des livraisons suivantes.

Pl. 5. *F. I* et *II.* Plan et élévation d'une colonne à son diamètre inférieur, avec les trois socles en forme de degrés qui règnent au pourtour du temple. *F. III* et *IV.* Plan et élévation du chapiteau de la colonne avec son entablement (dans chacune de ces quatre figures, la lettre *a* désigne l'état actuel, et la lettre *b* la restauration des détails qu'elle représente). *F. V.* Coupe de l'entablement sur une métope. *F. VI.* Coupe d'un triglyphe. *F. VII.* Soffite du larmier pris à l'angle de la corniche. *F. VIII.* Plan d'un triglyphe et des gouttes placées au-dessous.

Pl. 6. *F. I.* Chapiteau en grand du temple, dans son état actuel. Sa forme présumée, après l'achèvement, est indiquée par des lignes ponctuées. *F. II.* Détails des filets du chapiteau sur une plus grande échelle. *F. III.* Coupe de l'entablement. Les lignes ponctuées indiquent la restauration de l'architrave et de la frise intérieure. *F. IV.* Coupe de la corniche au bas du fronton. *F. V.* Coupe de la corniche du fronton. *F. VI.* Dét[illegible] en grand de la palmette d'angle du soffite de la corniche.

Pl. 7. *F. I.* Plan du théâtre dans son état actuel (ce théâtre, comme presque tous ceux de la Sicile et de la Grèce, est en partie taillé dans le roc). *a.* Débris du Postscænium. *b.* Restes d'un escalier et de plusieurs gradins dans leur emplacement primitif. *c.* Partie d'une substruction des gradins dans les endroits où la roche naturelle manquait. *d.* et *e.* Entrées au niveau du sol de la marche supérieure de l'escalier *b.* (Ce sol correspond à celui du rocher naturel en dehors des deux entrées). *f.* Porte conduisant à des constructions, présumées des aqueducs souterrains. *g.* Puisard. N° 1 jusqu'à 10. Axes présumés des escaliers. La division de ces axes, basée sur la position de l'escalier *b.* et de l'entrée *d.*, est analogue au système de plusieurs théâtres antiques; elle est d'autant plus probable que le milieu d'une de ces divisions correspond exactement à celui de l'entrée *e.* *F. II. III. IV.* Détails de l'escalier et des gradins *b.* *F. V. VI. VII.* Détails de la substruction *c.* *F. VIII.* Détails de la construction *f.* *F. IX.* Détails du puisard. *F. X* et *XI.* Plans de deux fragmens de colonnes engagées, trouvés à l'endroit de la scène.

3me LIVRAISON. NOTICE SOMMAIRE DES PLANCHES. *Acropolis de Selinunte.*

Temple A.

Pl. 14. *F. I.* Plan de la colonne du portique à son diamètre inférieur et supérieur. *F. II.* Élévation des gradins des faces latérales et d'une colonne à son diamètre inférieur. *F. III.* Coupe des gradins sur la face latérale. *F. IV.* Élévation du chapiteau d'une colonne et de son entablement sur les faces latérales. La partie supérieure non cotée du commencement de la couverture, les tuiles ornées, la tête de lion et le rampant du fronton, sont restaurés d'après les propylées d'Eleusis. *F. V.* Coupe de l'entablement sur le milieu du fronton. *F. VI.* Coupe d'un triglyphe. *F. VII* et *VIII.* Plan d'un triglyphe et des gouttes au-dessous.

Pl. 15. *F. I.* Chapiteau en grand (la ligne ponctuée A B indique la continuation du profil de la colonne dans le creux de la cannelure). *F. II.* Détail des filets sur une plus grande échelle. *F. III.* Coupe de la gorge du chapiteau, prise au droit de l'arête de la cannelure. *F. IV.* Coupe de l'entablement sur une des faces latérales. C, D, coupe et plan d'une entaille que l'on retrouve sur les joints supérieurs des pierres de corniche. E, moulure rapportée en pierre plus dure. F, partie de la couverture restaurée d'après les propylées d'Eleusis. G, restauration de la frise du côté intérieur du portique. *F. V.* La moulure E, sur une plus grande échelle. *F. VI.* Élévation de l'architrave et de la frise des colonnes du pronaos. *F. VII* et *VIII.* Plan du triglyphe et des gouttes au-dessous. *F. IX.* Coupe sur l'architrave et la frise de l'ordre du pronaos.

Temple B.

Pl. 16. *F. I.* Plan du temple : son état actuel se distingue par une teinte plus forte et les parties restaurées par une teinte plus faible. *F. II.* Coupe du temple dans son état actuel et sa restauration partielle. *F. III.* Élévation restaurée du temple : la singularité de l'ordre ionique couronné d'un entablement orné de triglyphes se retrouve dans plusieurs monumens de l'antiquité et particulièrement de la Sicile.

Pl. 17. *F. I.* Élévation de l'entablement du temple. *F. II.* Plan d'un triglyphe et des gouttes au-dessous. *F. III.* Plan d'une mutule. *F. IV.* Coupe sur l'entablement. *F. V.* Face principale du chapiteau: il n'en existe qu'une volute bien conservée avec une partie du fût de la colonne à son diamètre supérieur. *F. VI.* Coupe sur la ligne A B de la volute. *F. VII.* Coupe sur la ligne C D du chapiteau. *F. VIII.* Face latérale du chapiteau. *F. IX.* Plan de la colonne au niveau de la hauteur de la lettre E de l'élévation. *F. X.* Élévation du fût de la colonne : il n'en existe que différens morceaux épars, dont le plus grand est représenté de E en F; mais le diamètre inférieur étant connu par celui de l'ante, et le diamètre supérieur par celui du chapiteau, le calcul a donné la hauteur totale. *F. XI.* Restauration de l'entablement : les parties qui ont conservé des stucs coloriés et qui ne laissent aucun doute sur leur identité avec l'état primitif de cet entablement, sont la peinture des feuilles sur la moulure supérieure de la corniche, les ornemens peints sur la moulure au-dessus du larmier et qui sont entièrement pareils aux ornemens d'une même moulure de corniche conservée dans le musée de Syracuse, les tons locaux du larmier, des mutules, du triglyphe et de la frise; quant au bandeau au-dessus de la métope, il n'offrait que des traces de lignes rouges, et le dessin du méandre est restauré d'après celui d'une métope du temple C (V. le plan général pl. X.). Sur la métope, il n'y avait également de visible que quelques restes des couleurs rouge, bleue et jaune, et le dessin de l'ornement est restauré d'après celui qui orne la métope d'un fragment en terre cuite trouvé à Acré; l'ornement du bandeau au-dessus du triglyphe provient d'un triglyphe trouvé dans les mêmes lieux, et l'architrave, dont les ornemens sont également restaurés d'après un fragment, en terre cuite de cette même ville, n'offrait que les traces des différentes couleurs reproduites dans la restauration ; les têtes de lion sont supposées rapportées, soit en bronze, soit en terre cuite; les entailles et le percement de la moulure supérieure de la corniche paraissent ne devoir laisser aucun doute sur cette conjecture; des fragmens de pareilles têtes en terre cuite, que M. le duc de Luynes a découverts parmi les débris d'un temple à Métaponte, et qui ont servi à cette restauration, viennent encore à l'appui.

Pl. 18. *F. I.* Élévation d'un entablement trouvé dans les environs du temple B. *F. II.* Coupe du même entablement. *F. III.* Plan du triglyphe, des gouttes au-dessous et d'une mutule. *F. IV.* Fragment d'une corniche de fronton. *F. V.* Plan et élévation d'un fragment de chambranle avec sa corniche. A, B, plan et profil d'une entaille qui se trouve sur le joint inférieur du chambranle. *F. VI.* Fragment d'un larmier denticulaire. *F. VII.* Fragment de la partie supérieure d'un piédestal.

Pl. 19. Plan du temple C : son état actuel se distingue par une teinte plus forte, les parties restaurées par une teinte plus faible; les endroits fouillés sont désignés par une ligne ponctuée qui les circonscrit. A, avant-portique. B, pteroma ou portique entourant la cella. D, pronaos. C, naos ou cella. E, opisthodome ou trésor.

N. B. La liste des Souscripteurs ne sera ouverte que jusqu'au 1er janvier 1828. Après cette époque, le prix de chaque Livraison sera, sur papier ordinaire, de 12 fr.; sur papier vélin, de 24 fr.; sur papier de Chine, de 50 fr.

4me LIVRAISON.

NOTICE SOMMAIRE DES PLANCHES.

TEMPLE C DANS L'ACROPOLIS DE SELINUNTE.

Pl. 20. Élévation restaurée de la façade principale du temple.

Pl. 21. *F. I.* Coupe du temple dans son état actuel. *F. II.* Coupe restaurée.

Pl. 22. *F. I.* Plan d'une des colonnes de la façade principale, de l'avant-portique et de la façade postérieure du temple. *F. II.* Élévation du chapiteau d'une colonne et de son entablement sur la façade principale. *F. III.* Coupe de l'entablement. Son état actuel se distingue par une teinte plus forte et les parties restaurées sont indiquées par une teinte plus faible. *F. IV.* Coupe d'un triglyphe. *F. V.* Plan d'un triglyphe et des gouttes au-dessous. *F. VI.* Plans et coupes d'une des gouttes sur une échelle plus grande, avec l'indication du scellement en plomb A, au moyen duquel plusieurs de ces gouttes étaient rapportées. *F. VII.* Plan du soffite du larmier. Il offre la particularité d'avoir au-dessus de la métope des mutules plus petites que celles qui se trouvent au-dessus du triglyphe. *F. VIII.* Plan d'une des colonnes des faces latérales. Ces colonnes présentent la singularité d'un diamètre moindre de 0,174m que celui des colonnes de la façade principale, de l'avant-portique et de la façade postérieure.

Pl. 23. *F. I.* Chapiteau en grand. La ligne ponctuée A B indique la continuation du profil de la colonne dans le creux de la cannelure. *F. II.* Arête des cannelures dans la partie supérieure, vue de face. *F. III.* Détail des filets sur une plus grande échelle. *F. IV.* Coupe et élévation d'une tuile en terre cuite, supposée du faîtage de la couverture. Les parties restaurées se distinguent par une teinte plus faible. *F. V. VI, VII.* Plan, élévation et perspective géométrale de l'un des angles extérieurs du mur du pronaos. *F. VIII.* Plan et perspective géométrale d'une des pierres de l'angle extérieur du mur de l'opisthodome.

Pl. 24. *F. I.* Métope sculptée de la façade principale du temple, sur une plus grande échelle. Son emplacement primitif au-dessus de l'entrecolonnement du milieu est indiqué sur la Pl. 20. *F. II.* Détail en grand de la tête d'un des chevaux, vue de profil. *F. III.* Autre métope sculptée. Elle est aussi représentée dans son emplacement primitif sur l'élévation restaurée de la façade principale.

Pl. 25. *F. I.* Troisième métope sculptée. Elle se trouvait placée entre les deux précédentes. *F. II.* Différens fragmens de têtes des autres métopes de la façade du temple, dont la plupart sont entièrement détruites. *F. III.* Deux masques de têtes de Méduse en terre cuite, tirées du musée de Syracuse.

N. B. La liste des Souscripteurs ne sera ouverte que jusqu'au 1er janvier 1828. Après cette époque, le prix de chaque Livraison sera, sur papier ordinaire, de 12 fr.; sur papier vélin, de 24 fr.; sur papier de Chine, de 50 fr.

6me LIVRAISON.

NOTICE SOMMAIRE DES PLANCHES.

TEMPLE R SUR LA COLLINE ORIENTALE DE L'ANCIENNE VILLE DE SÉLINUNTE.

Pl. 32. Élévation de la façade principale restaurée. Cette restauration, ainsi que celles de la façade latérale, des coupes, des plafonds et de la couverture, offrent le détail complet de toutes les parties de la construction de ce temple, avec l'indication de ses divers appareils et tel qu'il devait être avant que le stuc ou la couleur ne fussent appliqués sur la pierre et le bois dont il était construit. Sur cette façade la moulure supérieure qui couronne le fronton est restituée d'après un fragment en terre cuite de ce genre de couronnement découvert par M. le duc de Luyne parmi les débris d'un temple à Metaponte. Le reste de la restauration est établi d'après les matériaux trouvés sur les lieux.

Pl. 33. *F. I.* Coupe du temple dans son état actuel prise sur la ligne C H. du plan; les pierres marquées A étaient réunies entre elles par des crampons de fer scellés en plomb dont le détail, planche 39, figure *VIII.* *F. II.* Coupe restaurée sur la même ligne. *F. III.* Coupe restaurée sur la ligne I K du plan. *F. IV.* Coupe partielle prise sous le Pteroma au retour de l'angle du Posticum. *F. V* et *VI.* Profil et perspective géométrale d'une des pierres de couronnement du mur transversal séparant la Cella de l'Opisthodome; plusieurs pierres pareilles n'avaient pas l'entaille B. *F. VII.* profil d'une pierre de couronnement des murs latéraux de la Cella.

Pl. 34. *F. I.* Coupe restaurée prise sous le Pteroma en regardant la face du Posticum. *F. II.* Coupe restaurée prise sous le Pteroma en regardant le côté intérieur de la façade principale (voyez les lignes A B et C D du plan détaillé de la planche 36). *F. III.* Élévation latérale restaurée; la moulure supérieure formant chaîneau au-dessus du larmier est également restituée d'après un fragment en terre cuite découvert par M. le duc de Luyne parmi les débris d'un temple à Metaponte.

Pl. 35. *F. I.* Coupe longitudinale du temple dans son état actuel. La ligne A B indique le niveau du sol du Pteroma *a*, sol du Posticum recouvert de stuc colorié *b, c, d, e, f, g, h, i, k, l, m, n*, les différens sols où se trouvaient placées les pierres marquées des mêmes lettres sur le plan de la planche 31. *F. II.* Coupe en longueur restaurée. A B niveau du sol du Pteroma.

Pl. 36. *F. I.* Quart du plan au niveau du dessus des architraves. *F. II.* Quart du plan au niveau du dessus des pierres qui portent le larmier de la corniche. *F. III.* Quart du plan des plafonds. *F. IV.* Quart de la couverture du temple vu en dessus.

Pl. 37. *F. I.* Plan d'une des colonnes de la façade principale à son diamètre inférieur et supérieur. A, Entailles qui se trouvent sur tous les joints horizontaux des tambours de colonne. *F. II.* Élévation de la colonne, des socles qui entouraient le temple, et des marches de la façade principale. *F. III.* Coupe sur la colonne et les socles des façades latérales. B, Entailles formant feuillures au bas des socles; elles étaient remplies de mortier recouvert de stuc. *F. IV.* Élévation du chapiteau et de l'entablement. *F. V.* Coupe de l'entablement au droit de la façade principale. Quelques-unes des pierres C portaient une feuillure comme celle de la figure D. *F. VI.* Coupe d'un triglyphe. *F. VII.* Plan du soffite du larmier. *F. VIII.* Plan d'un triglyphe indiquant la manière dont il recouvrait les métopes attenantes. *F. IX.* Gouttes au-dessous des triglyphes.

PROSPECTUS.

Le principal but de mon voyage en Sicile ayant été de me livrer à une étude rigoureuse et à des recherches approfondies sur l'architecture antique de cette île célèbre, j'ai eu la satisfaction de voir le succès répondre à mes efforts. Préparé d'avance au travail que je m'étais proposé, j'en réalisai l'exécution dans le courant des années 1823 et 1824. Des permissions spéciales m'autorisaient à explorer tous les lieux et à y faire des fouilles; j'étais accompagné de M. Zanth, mon élève et mon ami, et d'un autre architecte, M. Stier, que j'avais amené de Rome à mes frais; nous étions munis des instrumens nécessaires. Il nous fut facile de nous convaincre, pendant toute la durée de nos travaux, combien les ouvrages publiés sur la Sicile ancienne étaient incomplets, incorrects, et surtout peu propres à donner une juste idée de ses monumens.

Sans parler des œuvres du P. Pancrazi, de Pigonati de Saint-Non, de Houel et des autres auteurs du dernier siècle, l'insuffisance et l'imperfection des documens sont surtout remarquables dans l'ouvrage anglais intitulé *Magna Græcia*, publié à Cambridge, en 1807. Les vues, plans, coupes et élévations, les monumens restaurés, et jusqu'aux moindres détails d'architecture, tout y porte l'empreinte de l'inexactitude; défaut d'autant plus fâcheux, que le premier mérite de ces sortes d'ouvrages est d'être vrais, puisque les erreurs qu'ils contiennent se propagent dans les écrits des savans et dans les travaux des artistes. Outre le manque de vérité dans la représentation des monumens, ce recueil en omet un plus grand nombre.

Tels sont, parmi les ruines de Sélinunte, les trois temples de l'Acropolis, les métopes sculptées et plusieurs autres fragmens de sculpture coloriée, que l'on doit aux intéressantes recherches de MM. Harris et Angel. Un autre temple que nous découvrîmes dans les mêmes lieux, les théâtres, odéons, et amphithéâtres de Catane, de Syracuse, de Tyndaris et de Taormine, les tombeaux et autres monumens de cette dernière cité, les beaux restes de l'ancienne Acré, une construction cyclopéenne de Céphalœdis, la chapelle de Phalaris, le temple de Jupiter-Olympien, et enfin, les fragmens d'architecture recueillis dans les fouilles que j'ai fait faire moi-même, tout cet ensemble de matériaux manque dans l'ouvrage anglais, dans tous les ouvrages publiés jusqu'à ce jour, et même dans celui que M. Angel vient de publier à Londres, et qui traite particulièrement des métopes sculptées de Sélinunte.

C'est donc avec confiance que je puis annoncer mon travail comme entièrement inédit, comme intéressant et utile pour les architectes, comme indispensable à tous ceux qui s'occupent des arts en général, de l'histoire de l'architecture en Sicile et de l'histoire spéciale de l'antiquité.

Mon ouvrage, conçu d'après le système de celui de Stuart et Revett, et des *Antiquités inédites de l'Attique*, sera complété par des planches coloriées et des vues perspectives de plusieurs monumens restaurés.

Le Recueil se composera de 180 planches. Son ensemble offrira,

Une carte de la Sicile;

Les plans topographiques de plusieurs villes antiques;

Un choix des plus belles médailles;

Les vues des ruines les plus remarquables, terminées au burin;

Les plans, dans leur état actuel et restauré, de quatorze temples, six théâtres, deux amphithéâtres, deux odéons, de plusieurs tombeaux et autres monumens;

Les coupes et élévations, gravées au trait, de chacun de ces monumens, dans son état actuel.

Les restaurations, au trait, de ces mêmes monumens;

Plusieurs de ces restaurations coloriées, et quelques-unes en perspective;

Les détails d'architecture, avec l'indication du système de construction des édifices, et parmi ces détails, outre les différens exemples de l'ordre dorique grec, plusieurs exemples des ordres ionique et corinthien;

Enfin les métopes sculptées des temples de Sélinunte, les figures colossales de l'intérieur du temple de Jupiter-Olympien, les restes des sculptures des frontons de ce temple, et plusieurs autres fragmens trouvés à Agrigente, Taormine, Syracuse, Catane et Acré; ces dernières planches ombrées et coloriées.

Si ce recueil présente déjà un grand intérêt par la diversité des monumens qu'il doit contenir, la variété de la disposition parmi les édifices d'une destination semblable devient également intéressante et instructive.

Depuis la simple tombe creusée dans le sol, évidée dans le roc et sculptée sur sa surface, jusqu'aux tombeaux élevés près des villes somptueuses et aux sarcophages ornés de riches sculptures, tous les monumens funéraires offrent une grande diversité par leur importance respective, leur forme ou leur caractère.

Les théâtres présentent des exemples de tous les temps, ainsi que de toutes les grandeurs. Dans ceux de Ségeste, d'Acré, de Tindaris, dans l'immense hémicycle de Syracuse, on retrouvera les types primitifs et consacrés du théâtre grec; dans les majestueux débris de celui de Taormine, la magnificence romaine unie à la splendeur des descendans de la Grèce; dans le théâtre de Catane, une construction toute romaine.

Les temples, non moins variés par la grandeur, la forme et les ordres d'architecture, comprendront presque tous les genres de ces monumens dont parle Vitruve, et plusieurs d'une distribution entièrement différente.

Parmi ces temples, celui de Jupiter, à Agrigente, est un des plus grands de l'antiquité: plus spécialement connu par la description que Diodore de Sicile en a laissée, il a de tout temps occupé les archéologues et les artistes; mais leurs recherches n'ont pu donner lieu qu'à des conjectures plus ou moins hasardées sur sa forme originaire.

M. Cockerell fut le premier qui obtint un commencement de résultat, et son intéressante restauration donne l'idée la moins incomplète de cet édifice.

Plus heureux que mes devanciers, riche du produit de mes nombreuses fouilles, en possession de matériaux abondans, appuyé sur des documens pour la plupart irrécusables, j'ai pu retracer dans ma restauration, avec des élémens plus précis, cette construction immense, qui égalait dans sa hauteur la colonne trajane, et dont les colonnes étaient d'un diamètre plus fort que celui de ce monument, déjà si colossal à nos yeux.

A Sélinunte où les temples sont surtout curieux par la diversité et l'originalité des plans, celui que l'on croit avoir été aussi consacré à Jupiter est un édifice d'une grandeur remarquable. Octostyle, hypètre, pseudodyptère, périptère, il présente une disposition toute particulière dans son pronaos. Entouré de cinquante-quatre colonnes entièrement isolées, de plus de dix pieds de diamètre, ce temple, presque aussi vaste que celui d'Agrigente, est certainement une des plus belles productions de ce genre dont la connaissance soit parvenue jusqu'à nous.

Parmi les ruines de ce monument, comme dans toutes celles de la même ville, il existe de nombreux fragmens de sculpture et d'architecture, peints de différentes couleurs ou couverts de stucs coloriés. Les traces de ce système que nous avons retrouvées à Agrigente, à Syracuse, à Acré, à Catane, réunies au témoignage des monumens d'Athènes, d'Egine et de Phygalie, ne laisseront plus de doutes sur l'usage adopté par les anciens, de colorier leur sculpture et leur architecture, de rehausser par la couleur et les ornemens peints, non-seulement l'intérieur de leurs temples, mais encore les murs extérieurs de la cella, les colonnes, les architraves, les métopes, les corniches, les frontons et jusqu'aux tuiles des toits.

Ces faits bien avérés, et beaucoup d'autres découvertes sur les emmarchemens, la couverture, le système de bâtir et celui des différens genres de sculpture employés dans la construction et la décoration des monumens, jetteront une nouvelle lumière sur le génie des anciens, par rapport à l'architecture et à tous les arts qui en dépendent.

Si parmi ces découvertes, l'application de la peinture sur les productions de l'art plastique et de l'architecture paraît contraire aux idées généralement accréditées jusqu'ici contre l'adoption de ce système chez les Grecs, il n'en est pas moins constant aujourd'hui que ce système a été admis par eux et par tous les peuples dont l'architecture nous est connue; ce système est d'ailleurs tellement en harmonie avec la richesse de la nature, qu'il aurait fallu peut-être s'étonner davantage de n'en avoir pas trouvé l'application sur les monumens de la Sicile.

Lorsqu'on a visité l'antique *Trinacrie*, qu'on a vécu dans le pays, qu'on a pu admirer le ciel de cette terre fortunée; quand on a vu le soleil répandre sa clarté matinale sur toute la surface de l'*Ile-Verte*, et l'envelopper de ses derniers rayons comme d'un réseau d'or; quand on a observé les brillantes couleurs qui nuancent, en Sicile, le laurier, le palmier, l'aloès, le myrte, l'oranger, en un mot, tout ce que le sol produit au sein du désert comme au milieu du champ cultivé, on demeure convaincu que l'artiste devait puiser ses inspirations dans les beautés qui l'entouraient, se mettre en rapport avec elles, et enrichir l'œuvre de l'art de tout l'éclat de la nature.

Les temples de la Sicile, conçus et exécutés d'après ces principes, devaient offrir cette élégante et majestueuse beauté, qui fut le poétique apanage des divinités de la Grèce. Bâtis comme pour l'éternité, leurs ruines commandent encore le respect. Depuis des milliers d'années, délaissées ou ravagées par les hommes, ébranlées par les tremblemens de terre, des colonnes de cinquante pieds de haut s'élèvent encore au milieu des débris qui les environnent; dénuées de leurs couronnemens, ne supportant plus, ni le triglyphe, ni la métope, ni le fronton, elles paraissent autant de cippes funéraires, qui rappellent la grandeur passée de leurs fondateurs.

L'ouvrage sur l'architecture antique de la Sicile comprenant les monumens de la plus haute antiquité jusqu'à la décadence de l'art, et l'ouvrage sur l'architecture moderne de la Sicile (1) offrant les édifices construits depuis la renaissance jusqu'à nos jours, ces deux Recueils réunis formeront le tableau complet de l'histoire de cet art, dans un des pays les plus célèbres de l'antiquité.

Dans tout mon voyage, mes efforts ont été constamment secondés par ceux de MM. Zanth et Stier, et je dois à leur talent, à leur zèle, à leur amitié, d'avoir conduit à fin une entreprise que nous n'avons pu exécuter sans de grands périls, des dangers éminens et d'innombrables fatigues. Quant à la mise au net des dessins, dont je n'ai cessé de m'occuper depuis mon retour, M. Zanth seul a partagé ce travail avec moi.

La gravure des planches est confiée à nos plus habiles artistes; j'en dirige moi-même l'exécution, et j'ai lieu de croire que le résultat en sera satisfaisant.

Ayant ainsi rassemblé tous les moyens qui étaient à ma disposition, n'ayant épargné ni soins ni sacrifices pour perfectionner mon travail, je puis assurer qu'il fera connaître avec une précision consciencieuse, tous les monumens intéressans de l'architecture antique de la Sicile, et j'ose espérer qu'il justifiera l'attente du public.

J. HITTORFF.

(1) Ce dernier ouvrage, qui se composera de dix-huit livraisons, et dont les sept premières sont déjà publiées, continuera de paraître sans interruption, concurremment avec celui qui est l'objet de ce prospectus.

CONDITIONS DE LA SOUSCRIPTION.

L'Ouvrage se composera de 30 livraisons.—Chaque Livraison contiendra 6 planches grand in-fol. dont plusieurs seront coloriées.—Un volume de texte sera remis *gratis* aux Souscripteurs, à la fin de l'Ouvrage.

La première livraison paraîtra dans le courant du mois de mai 1827, et les livraisons suivantes se succéderont régulièrement de mois en mois.

Une notice sommaire, suffisante pour l'intelligence des planches, accompagnera chaque livraison.

LE PRIX DE CHAQUE LIVRAISON EST, POUR LES SOUSCRIPTEURS :

Sur papier colombier fin	10 fr.
Sur colombier vélin	20 fr.
Sur colombier vélin, avec les planches sur papier de Chine	25 fr.

La Liste des Souscripteurs sera imprimée à la fin de l'Ouvrage.

Ire LIVRAISON.

NOTICE SOMMAIRE DES PLANCHES.

SEGESTE.

Pl. 2. Vue des ruines du temple. (1)

Pl. 3. Plan du temple. Son état actuel se distingue par une teinte plus forte, et les parties restaurées par une teinte plus faible. Autour des colonnes et dans les entre-colonnemens sont indiquées les assises encore existantes des fondations. L'emmarchement sur la façade principale est restauré d'après de pareils exemples trouvés à Sélinunte.

Pl. 4. *F. I.* Coupe transversale du temple dans son état actuel. Elle présente, comme tout le monument, les traces d'une construction abandonnée avant d'avoir été achevée. *F. II.* Élévation restaurée du temple. Cette restauration n'est pas complète; les joints y étant représentés apparens, elle a pour but principal de montrer l'édifice avec son appareil. Ce détail de la construction disparaissait sur les monumens de la Sicile que l'on recouvrait d'un stuc coloré.

(1) La planche 1re, représentant la carte de la Sicile, paraîtra dans une des livraisons suivantes.

Pl. 5. *F. I* et *II.* Plan et élévation d'une colonne à son diamètre inférieur, avec les trois socles en forme de degrés qui règnent au pourtour du temple. *F. III* et *IV.* Plan et élévation du chapiteau de la colonne avec son entablement (dans chacune de ces quatre figures, la lettre *a* désigne l'état actuel, et la lettre *b* la restauration des détails qu'elle représente). *F. V.* Coupe de l'entablement sur une métope. *F. VI.* Coupe d'un triglyphe. *F. VII.* Soffite du larmier pris à l'angle de la corniche. *F. VIII.* Plan d'un triglyphe et des gouttes placées au-dessous.

Pl. 6. *F. I.* Chapiteau en grand du temple, dans son état actuel. Sa forme présumée, après l'achèvement, est indiquée par des lignes ponctuées. *F. II.* Détails des filets du chapiteau sur une plus grande échelle. *F. III.* Coupe de l'entablement. Les lignes ponctuées indiquent la restauration de l'architrave et de la frise intérieure. *F. IV.* Coupe de la corniche au bas du fronton. *F. V.* Coupe de la corniche du fronton. *F. VI.* Détail agrandi de la palmette d'angle du soffite de la corniche.

Pl. 7. *F. I.* Plan du théâtre dans son état actuel (ce théâtre, comme presque tous ceux de la Sicile et de la Grèce, est en partie taillé dans le roc). *a.* Débris du Postscenium. *b.* Restes d'un escalier et de plusieurs gradins dans leur emplacement primitif. *c.* Partie d'une substruction des gradins dans les endroits où la roche naturelle manquait. *d.* et *e.* Entrées au niveau du sol de la marche supérieure de l'escalier *b.* (Ce sol correspond à celui du rocher naturel en dehors des deux entrées). *f.* Porte conduisant à des constructions, présumées des aqueducs souterreins. *g.* Puisard. Nos 1 jusqu'à 10. Axes présumés des escaliers. La division de ces axes, basée sur la position de l'escalier *b.* et de l'entrée *d.*, est analogue au système de plusieurs théâtres antiques; elle est d'autant plus probable que le milieu d'une de ces divisions correspond exactement à celui de l'entrée *e. F. II. III. IV.* Détails de l'escalier et des gradins *b. F. V. VI. VII.* Détails de la substruction *c. F. VIII.* Détails de la construction *f. F. IX.* Détails du puisard. *F. X* et *XI.* Plans de deux fragmens de colonnes engagées, trouvés à l'endroit de la scène.

3me LIVRAISON. NOTICE SOMMAIRE DES PLANCHES. *Acropolis de Selinunte.*

Temple A.

Pl. 14. *F. I.* Plan de la colonne du portique à son diamètre inférieur et supérieur. *F. II.* Élévation des gradins des faces latérales et d'une colonne à son diamètre inférieur. *F. III.* Coupe des gradins sur la face latérale. *F. IV.* Élévation du chapiteau d'une colonne et de son entablement sur les faces latérales. La partie supérieure non cotée du couronnement de la couverture, les tuiles ornées, la tête de lion et le rampant du fronton, sont restaurés d'après les propylées d'Eleusis. *F. V.* Coupe de l'entablement sur le milieu du fronton. *F. VI.* Coupe d'un triglyphe. *F. VII* et *VIII.* Plan d'un triglyphe et des gouttes au-dessous.

Pl. 15. *F. I.* Chapiteau en grand (la ligne ponctuée A B indique la continuation du profil de la colonne dans le creux de la cannelure). *F. II.* Détail des filets sur une plus grande échelle. *F. III.* Coupe de la gorge du chapiteau, prise au droit de l'arête de la cannelure. *F. IV.* Coupe de l'entablement sur une des faces latérales. C, D, coupe et plan d'une entaille que l'on retrouve sur les joints supérieurs des pierres de corniche. E, moulure rapportée en pierre plus dure. F, partie de la couverture restaurée d'après les propylées d'Eleusis. G, restauration de la frise du côté intérieur du portique. *F. V.* La moulure E, sur une plus grande échelle. *F. VI.* Élévation de l'architrave et de la frise des colonnes du pronaos. *F. VII* et *VIII.* Plan du triglyphe et des gouttes au-dessous. *F. IX.* Coupe sur l'architrave et la frise de l'ordre du pronaos.

Temple B.

Pl. 16. *F. I.* Plan du temple : son état actuel se distingue par une teinte plus forte et les parties restaurées par une teinte plus faible. *F. II.* Coupe du temple dans son état actuel et sa restauration partielle. *F. III.* Élévation restaurée du temple; la singularité de l'ordre ionique couronné d'un entablement orné de triglyphes se retrouve dans plusieurs monumens de l'antiquité et particulièrement de la Sicile.

Pl. 17. *F. I.* Élévation de l'entablement du temple. *F. II.* Plan d'un triglyphe et des gouttes au-dessous. *F. III.* Plan d'une mutule. *F. IV.* Coupe sur l'entablement. *F. V.* Face principale du chapiteau; il n'en existe qu'une volute bien conservée avec une partie du fût de la colonne à son diamètre supérieur. *F. VI.* Coupe sur la ligne A B de la volute. *F. VII.* Coupe sur la ligne C D du chapiteau. *F. VIII.* Face latérale du chapiteau. *F. IX.* Plan de la colonne au niveau de la hauteur de la lettre E de l'élévation. *F. X.* Élévation du fût de la colonne : il n'en existe que différens morceaux épars, dont le plus grand est représenté de E en F; mais le diamètre inférieur étant connu par celui de l'ante, et le diamètre supérieur par celui du chapiteau, le calcul a donné la hauteur totale. *F. XI.* Restauration de l'entablement : les parties qui ont conservé des stucs coloriés et qui ne laissent aucun doute sur leur identité avec l'état primitif de cet entablement, sont la peinture des feuilles sur la moulure supérieure de la corniche, les ornemens peints sur la moulure au-dessus du larmier et qui sont entièrement pareils aux ornemens d'une même moulure de corniche conservée dans le musée de Syracuse, les tons locaux du larmier, des mutules, du triglyphe et de la frise; quant au bandeau au-dessus de la métope, il n'offrait que des traces de lignes rouges, et le dessin du méandre est restauré d'après celui d'une métope du temple C (V. le plan général pl. X.). Sur la métope, il n'y avait également de visible que quelques restes des couleurs rouge, bleue et jaune, et le dessin de l'ornement est restauré d'après celui qui orne la métope d'un fragment en terre cuite trouvé à Acré; l'ornement du bandeau au-dessus du triglyphe provient d'un triglyphe trouvé dans les mêmes lieux, et l'architrave, dont les ornemens sont également restaurés d'après un fragment, en terre cuite de cette même ville, n'offrait que les traces des différentes couleurs reproduites dans la restauration; les têtes de lion sont supposées rapportées, soit en bronze, soit en terre cuite; les entailles et le percement de la moulure supérieure de la corniche paraissent ne devoir laisser aucun doute sur cette conjecture; des fragmens de pareilles têtes en terre cuite, que M. le duc de Luynes a découverts parmi les débris d'un temple à Métaponte, et qui ont servi à cette restauration, viennent encore à l'appui.

Pl. 18. *F. I.* Élévation d'un entablement trouvé dans les environs du temple B. *F. II.* Coupe du même entablement. *F. III.* Plan du triglyphe, des gouttes au-dessous et d'une mutule. *F. IV.* Fragment d'une corniche de fronton. *F. V.* Plan et élévation d'un fragment de chambranle avec sa corniche. A, B, plan et profil d'une entaille qui se trouve sur le joint inférieur du chambranle. *F. VI.* Fragment d'un larmier denticulaire. *F. VII.* Fragment de la partie supérieure d'un piédestal.

Pl. 19. Plan du temple C : son état actuel se distingue par une teinte plus forte, les parties restaurées par une teinte plus faible; les endroits fouillés sont désignés par une ligne ponctuée qui les circonscrit. A, avant-portique. B, pteroma ou portique entourant la cella. D, pronaos. C, naos ou cella. E, opisthodome ou trésor.

N. B. La liste des Souscripteurs ne sera ouverte que jusqu'au 1er janvier 1828. Après cette époque, le prix de chaque Livraison sera, sur papier ordinaire, de 12 fr.; sur papier vélin, de 24 fr.; sur papier de Chine, de 30 fr.

4me LIVRAISON.

NOTICE SOMMAIRE DES PLANCHES.

TEMPLE C DANS L'ACROPOLIS DE SÉLINUNTE.

Pl. 20. Élévation restaurée de la façade principale du temple.

Pl. 21. *F. I.* Coupe du temple dans son état actuel. *F. II.* Coupe restaurée.

Pl. 22. *F. I.* Plan d'une des colonnes de la façade principale, de l'avant-portique et de la façade postérieure du temple. *F. II.* Élévation du chapiteau d'une colonne et de son entablement sur la façade principale. *F. III.* Coupe de l'entablement. Son état actuel se distingue par une teinte plus forte et les parties restaurées sont indiquées par une teinte plus faible. *F. IV.* Coupe d'un triglyphe. *F. V.* Plan d'un triglyphe et des gouttes au-dessous. *F. VI.* Plans et coupes d'une des gouttes sur une échelle plus grande, avec l'indication du scellement en plomb A, au moyen duquel plusieurs de ces gouttes étaient rapportées. *F. VII.* Plan du soffite du larmier. Il offre la particularité d'avoir au-dessus de la métope des mutules plus petites que celles qui se trouvent au-dessus du triglyphe. *F. VIII.* Plan d'une des colonnes des faces latérales. Ces colonnes présentent la singularité d'un diamètre moindre de 0,174m que celui des colonnes de la façade principale, de l'avant-portique et de la façade postérieure.

Pl. 23. *F. I.* Chapiteau en grand. La ligne ponctuée A B indique la continuation du profil de la colonne dans le creux de la cannelure. *F. II.* Arête des cannelures dans la partie supérieure, vue de face. *F. III.* Détail des filets sur une plus grande échelle. *F. IV.* Coupe et élévation d'une tuile en terre cuite, supposée du faîtage de la couverture. Les parties restaurées se distinguent par une teinte plus faible. *F. V, VI, VII.* Plan, élévation et perspective géométrale de l'un des angles extérieurs du mur du pronaos. *F. VIII.* Plan et perspective géométrale d'une des pierres de l'angle extérieur du mur de l'opisthodome.

Pl. 24. *F. I.* Métope sculptée de la façade principale du temple, sur une plus grande échelle. Son emplacement primitif au-dessus de l'entrecolonnement du milieu est indiqué sur la Pl. 20. *F. II.* Détail en grand de la tête d'un des chevaux, vue de profil. *F. III.* Autre métope sculptée. Elle est aussi représentée dans son emplacement primitif sur l'élévation restaurée de la façade principale.

Pl. 25. *F. I.* Troisième métope sculptée. Elle se trouvait placée entre les deux précédentes. *F. II.* Différens fragmens de têtes des autres métopes de la façade du temple, dont la plupart sont entièrement détruites. *F. III.* Deux masques de têtes de Méduse en terre cuite, tirées du musée de Syracuse.

N. B. La liste des Souscripteurs ne sera ouverte que jusqu'au 1er janvier 1828. Après cette époque, le prix de chaque Livraison sera, sur papier ordinaire, de 12 fr.; sur papier vélin, de 24 fr.; sur papier de Chine, de 30 fr.

6me LIVRAISON.

NOTICE SOMMAIRE DES PLANCHES.

TEMPLE R SUR LA COLLINE ORIENTALE DE L'ANCIENNE VILLE DE SÉLINUNTE.

Pl. 32. Élévation de la façade principale restaurée. Cette restauration, ainsi que celles de la façade latérale, des coupes, des plafonds et de la couverture, offrent le détail complet de toutes les parties de la construction de ce temple, avec l'indication de ses divers appareils et tel qu'il devait être avant que le stuc ou la couleur ne fussent appliqués sur la pierre et le bois dont il était construit. Sur cette façade la moulure supérieure qui couronne le fronton est restituée d'après un fragment en terre cuite de ce genre de couronnement découvert par M. le duc de Luyne parmi les débris d'un temple à Metaponte. Le reste de la restauration est établi d'après les matériaux trouvés sur les lieux.

Pl. 33. *F. I.* Coupe du temple dans son état actuel prise sur la ligne C H. du plan; les pierres marquées A étaient réunies entre elles par des crampons de fer scellés en plomb dont le détail, planche 39, figure *VIII. F. II.* Coupe restaurée sur la même ligne. *F. III.* Coupe restaurée sur la ligne I K du plan. *F. IV.* Coupe partielle prise sous le Pteroma au retour de l'angle du Posticum. *F. V* et *VI.* Profil et perspective géométrale d'une des pierres de couronnement du mur transversal séparant la Cella de l'Opisthodome; plusieurs pierres pareilles n'avaient pas l'entaille B. *F. VII.* profil d'une pierre de couronnement des murs latéraux de la Cella.

Pl. 34. *F. I.* Coupe restaurée prise sous le Pteroma en regardant la face du Posticum. *F. II.* Coupe restaurée prise sous le Pteroma en regardant le côté intérieur de la façade principale (voyez les lignes A B et C D du plan détaillé de la planche 36). *F. III.* Élévation latérale restaurée; la moulure supérieure formant chaîneau au-dessus du larmier est également restituée d'après un fragment en terre cuite découvert par M. le duc de Luyne parmi les débris d'un temple à Metaponte.

Pl. 35. *F. I.* Coupe longitudinale du temple dans son état actuel. La ligne A B indique le niveau du sol du Pteroma *a*, sol du Posticum recouvert de stuc colorié *b, c, d, e, f, g, h, i, k, l, m, n*, les différens sols où se trouvaient placées les pierres marquées des mêmes lettres sur le plan de la planche 31. *F. II.* Coupe en longueur restaurée. A B niveau du sol du Pteroma.

Pl. 36. *F. I.* Quart du plan au niveau du dessus des architraves. *F. II.* Quart du plan au niveau du dessus des pierres qui portent le larmier de la corniche. *F. III.* Quart du plan des plafonds. *F. IV.* Quart de la couverture du temple vu en dessus.

Pl. 37. *F. I.* Plan d'une des colonnes de la façade principale à son diamètre inférieur et supérieur. A, Entailles qui se trouvent sur tous les joints horizontaux des tambours de colonne. *F. II.* Élévation de la colonne, des socles qui entouraient le temple, et des marches de la façade principale. *F. III.* Coupe sur la colonne et les socles des façades latérales. B, Entailles formant feuillures au bas des socles; elles étaient remplies de mortier recouvert de stuc. *F. IV.* Élévation du chapiteau et de l'entablement. *F. V.* Coupe de l'entablement au droit de la façade principale. Quelques-unes des pierres C portaient une feuillure comme celle de la figure D. *F. VI.* Coupe d'un triglyphe. *F. VII.* Plan du soffite du larmier. *F. VIII.* Plan d'un triglyphe indiquant la manière dont il recouvrait les métopes attenantes. *F. IX.* Gouttes au-dessous des triglyphes.

7me LIVRAISON.

NOTICE SOMMAIRE DES PLANCHES.

TEMPLE R SUR LA COLLINE ORIENTALE DE L'ANCIENNE VILLE DE SÉLINUNTE.

Pl. 38. *F. I.* Profil du chapiteau de la façade principale sur une plus grande échelle. A. Cannelure développée. *F. II.* Plan d'une colonne du posticum à son diamètre inférieur et supérieur. B. B. Entailles qui se trouvent sur tous les joints des fûts. *F. III.* Élévation du chapiteau de la colonne et coupe de l'entablement. *F. IV.* Élévation du chapiteau de l'ante et de l'entablement. *F. V.* Coupe sur une cannelure du triglyphe. *F. VI.* Plan du triglyphe et des gouttés au-dessous. *F. VII.* Profil du chapiteau de l'ante sur une plus grande échelle. *F. VIII.* Disposition des architraves au-dessus des colonnes d'angle.

Pl. 39. *F. I.* Coupe sur l'entablement extérieur des façades latérales. A. A. Entailles sur les joints horizontaux supérieurs des architraves et des pierres de la corniche. BB. Entailles sur les joints verticaux des architraves. C. C. Entailles pour les chevrons. *F. II.* Élévation du même entablement du côté intérieur du ptéroma. *F. III.* Élévation de la corniche à l'extérieur de la façade latérale. *F. IV.* Perspective géométrale d'une pierre de la corniche pour l'explication de la coupe des joints. *F. V.* Perspective géométrale d'une des moulures supérieures de la corniche D. D. Entailles qui ne se trouvent pas à tous ces morceaux. *F. VI.* Profil de la même moulure sur une échelle plus grande. *F. VII.* Profil en grand de la moulure E de l'entablement (voy. pl. 33, fig. *I*, *VI*, *VII*.) *F. VIII.* Détails d'un crampon en fer du mur de l'opisthodome (voy. planche 33, let. A). *F. IX.* Coupe et élévation d'une goutte de mutule avec l'indication des différentes épaisseurs du stuc qui les couvrait : on voit par cet exemple combien les profils taillés dans la pierre changeaient par l'application de cette enveloppe.

Pl. 40. *F. I.* Restitution d'une partie de l'entablement et de la couverture. Dans cette restitution les couleurs des métopes, des triglyphes, des mutules, du larmier et des tuiles plates sont telles qu'elles se sont conservées sur les restes du temple. La cimaise formant chaineau, ainsi que les tuiles de recouvrement (voy. pl. 41, fig. *IX*.) sont restaurées avec leurs ornemens et leurs couleurs d'après de pareils exemples découverts par M. le duc de Luynes parmi les restes des temples antiques de Metaponte (1). *F. II.* Coupes du chaineau. *F. III.* profil et élévation de la cimaise du temple de Jupiter à Égine. *F. IV.* Cimaise du temple d'Apollon à Basse. *F. V.* Coupe sur l'entablement et le plafond en charpente du ptéroma. *F. VI.* Plan et coupe d'une division de caissons du ptéroma. A. partie du plafond vue du dessous et restituée avec les ornemens peints et les couleurs locales. B. C. Parties du plafond vues du dessus, avec et sans le fond des caissons.

Pl. 41. *F. I.* Perspective géométrale du faîte de la couverture. Cette figure montre la manière dont les tuiles plates faîtières et du rampant du comble se joignaient à la grande cimaise qui couronnait les frontons. A. A. Pierres de la corniche du fronton. B. B. Tuiles plates du rampant du toit. C. C. Tuiles plates faîtières. D. D. Morceaux de la grande cimaise du fronton. *F. II.* Partie de la couverture à un des angles du comble. Cette figure fait voir la réunion de la grande cimaise de la façade latérale avec celle du fronton et comment les joints de cette cimaise étaient couverts par les tuiles de recouvrement. E. Cimaise de l'angle. F. Cimaise latérale. G. G. Tuiles de recouvrement. H. Canal pour l'écoulement des eaux. *F. III.* Élévation et coupe partielles du rampant du comble. I. I. Tuiles faîtières de recouvrement. K. K. Chevrons. L. L. Faitage. *F. IV.* et *V.* Tuile faîtière plate et tuile faîtière de recouvrement vues du dessous. *F. VI* et *VII.* Tuiles plates et tuiles de recouvrement du rampant du comble vues du dessus et du dessous. *F. VIII.* Cimaise du fronton pour l'explication de la coupe des joints. *F. IX.* Tuile de recouvrement ornée de feuilles et de méandres de diverses couleurs, trouvée parmi les ruines de Metaponte.

Pl. 42. Plan du temple T. sur la colline orientale de Selinunte. A. Avant-portique. B. Ptéroma. C. Pronaos. D. Naos. E. Opisthodome. F. Fondations en libages. G. G. Entailles pour les lames de métal, sur lesquelles devaient rouler les ventaux de la porte.

Pl. 43. Élévation de la façade principale restaurée.

(1) M. Dubary, qui accompagna M. le duc de Luynes dans ses voyages archéologiques, s'occupe de la publication détaillée de leurs intéressantes découvertes.

8me LIVRAISON.

NOTICE SOMMAIRE DES PLANCHES.

TEMPLE S SUR LA COLLINE ORIENTALE DE L'ANCIENNE VILLE DE SÉLINUNTE.

Pl. 44. *F. I.* Coupe longitudinale du temple dans son état actuel, *a*, *b*, *c*, *d*, *e*, constructions correspondantes à celles qui portent les mêmes lettres sur le plan. (V. la planche 42). *F. II.* Élévation latérale restaurée.

Pl. 45. Coupe restaurée prise sous l'avant-portique, sur la ligne H. I. du plan.

Pl. 46. *F. I.* Plan d'une des colonnes de la façade principale à son diamètre inférieur et supérieur. A. Entailles sur les joints du fût. *F. II.* Élévation du chapiteau, de l'entablement et d'une partie de la couverture, prise sur l'angle de la façade latérale. Le chéneau est tel que celui du couronnement des frontons auquel on a ajouté les têtes de lions (V. pl. 47 *F. I.*) *F. III.* Coupe sur l'entablement de la façade latérale et du ptéroma, B. Entailles sur les joints verticaux de tous les architraves. C. C. Entailles qui ne se sont trouvées que sur les faces intérieures de quelques architraves seulement (V. pl. 48 *F. VIII*, *IX*, *X*.) *F. IV.* Triglyphe vu de côté avec l'indication des refouillemens pour l'emboiture des métopes. *F. V.* Plan d'un triglyphe et des gouttes au-dessous. *F. VI.* Profil du chapiteau sur une plus grande échelle. *F. VII. VIII. IX.* Plan, coupe et élévation de la moulure supérieure de la corniche à l'angle du fronton.

Pl. 47. *F. I.* Élévation géométrale du chéneau qui couronnait les rampans des frontons: à l'exception des ornemens à palmettes et à méandres sculptés d'un faible relief et sur lesquels les couleurs étaient en partie effacées; les autres ornemens coloriés sont reproduits tels qu'ils se voyaient encore. *F. II.* Le même chéneau vu sur un de ses joints verticaux. *F. III.* Coupe sur la ligne A. B. *F. IV.* Perspective géométrale du même chéneau. C. Entailles pour recevoir des crampons de métal *F. V. VI. VII.* Profil, élévation géométrale et développement de la moulure supérieure de la corniche avec les ornemens coloriés. *F. VIII* à *XV.* Géométraux de diverses moulures vues de profil et par-dessus. *F. XVI* et *XVII.* Les mêmes moulures vues sur leurs faces supérieures et inférieures représentées en perspective géométrale.

Pl. 48. *F. I.* Plan d'une des quatre colonnes séparant l'avant-portique du ptéroma, à son diamètre inférieur et supérieur. *F. II.* Élévation du chapiteau et de l'entablement de l'intérieur de l'avant-portique. *F. III* et *IV.* La moulure supérieure sur une plus grande échelle. *F. V.* Le triglyphe vu de côté, avec le tracé de la rencontre des métopes, gravé dans la pierre. *F. VI.* Plan d'un triglyphe et des gouttes au-dessous. *F. VII.* Profil du chapiteau sur une plus grande échelle. *F. VIII* et *IX.* Plan et élévation de la face intérieure d'un architrave d'angle avec les entailles qui s'y trouvaient. *F. X.* Architrave avec d'autres entailles. *F. XI.* Fragmens de bossages. *F. XII. XIII. XIV.* Profils sur les lignes. A. B. C. D. E. F.

Pl. 49. *F. I* et *II.* Fragmens de deux métopes sculptées, les parties au trait sont restaurées. *F. III.* La tête de la métope. *F. II.* sur une plus grande échelle.

Pl. 3.

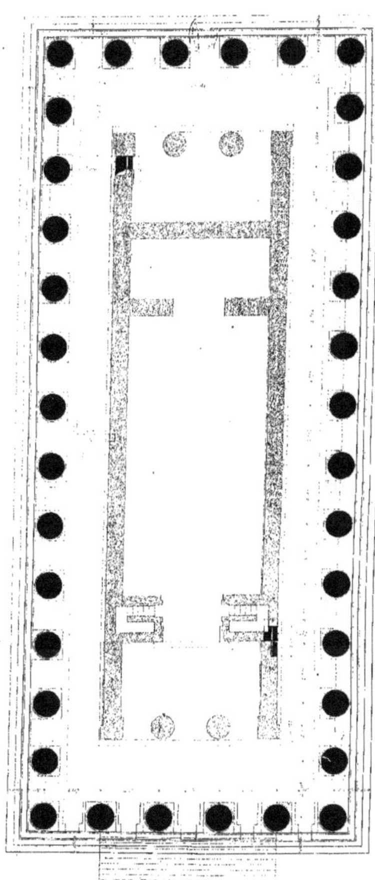

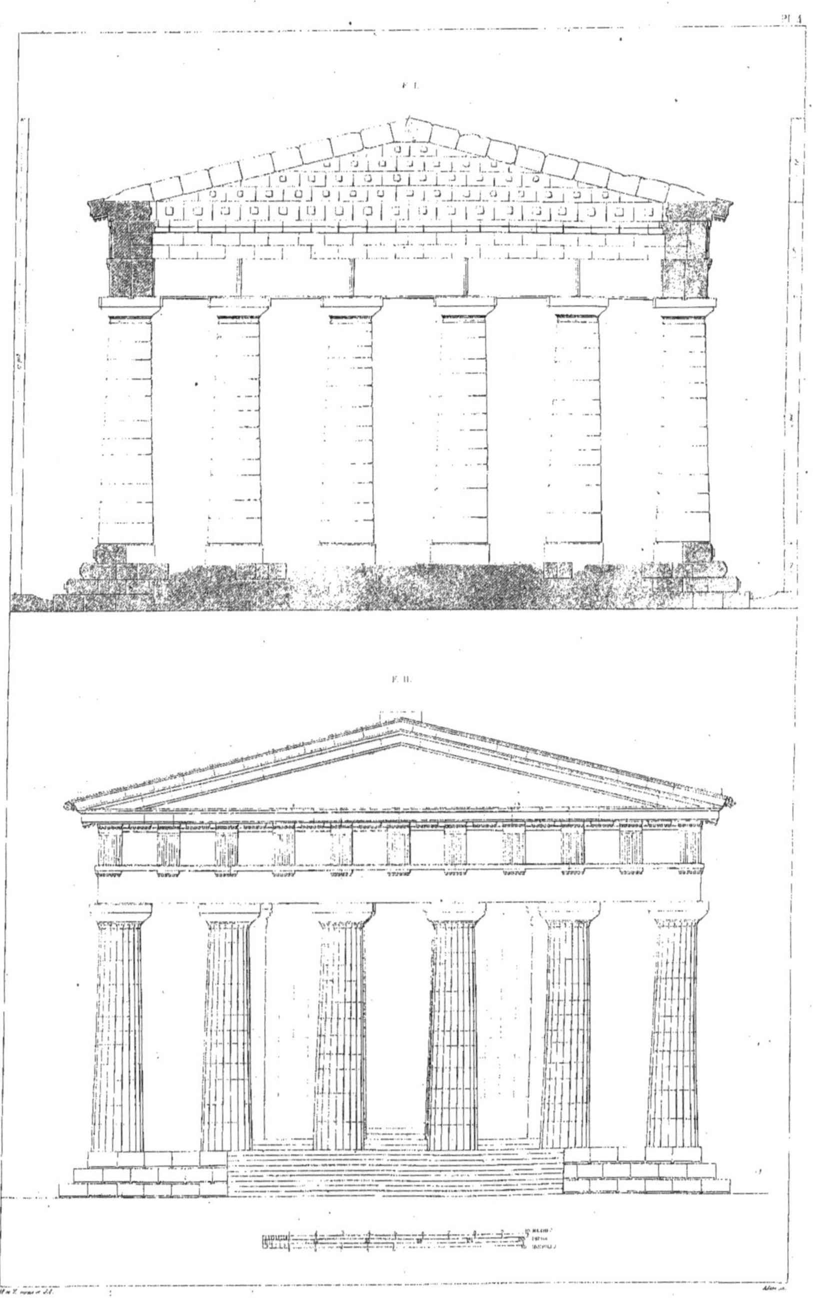

Pl. 6
F. I.
F. II.
F. III.
F. IV.
F. V.
F. VI.
F. VI.
F. VII.

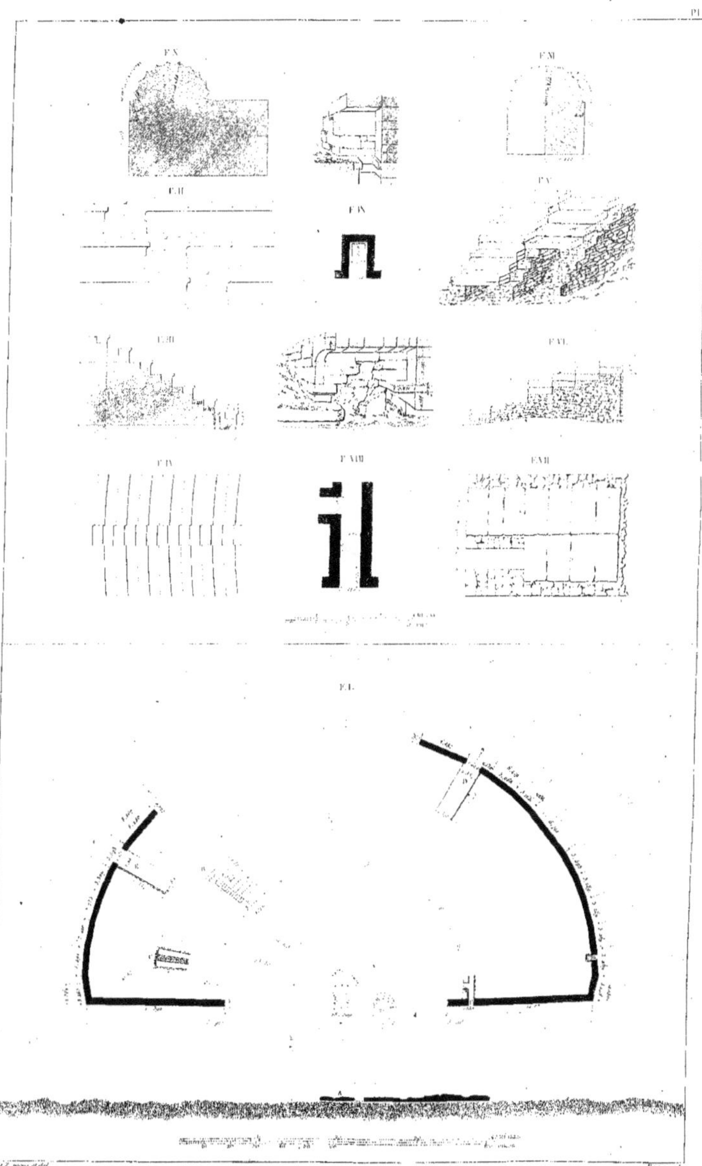

Pl. 8

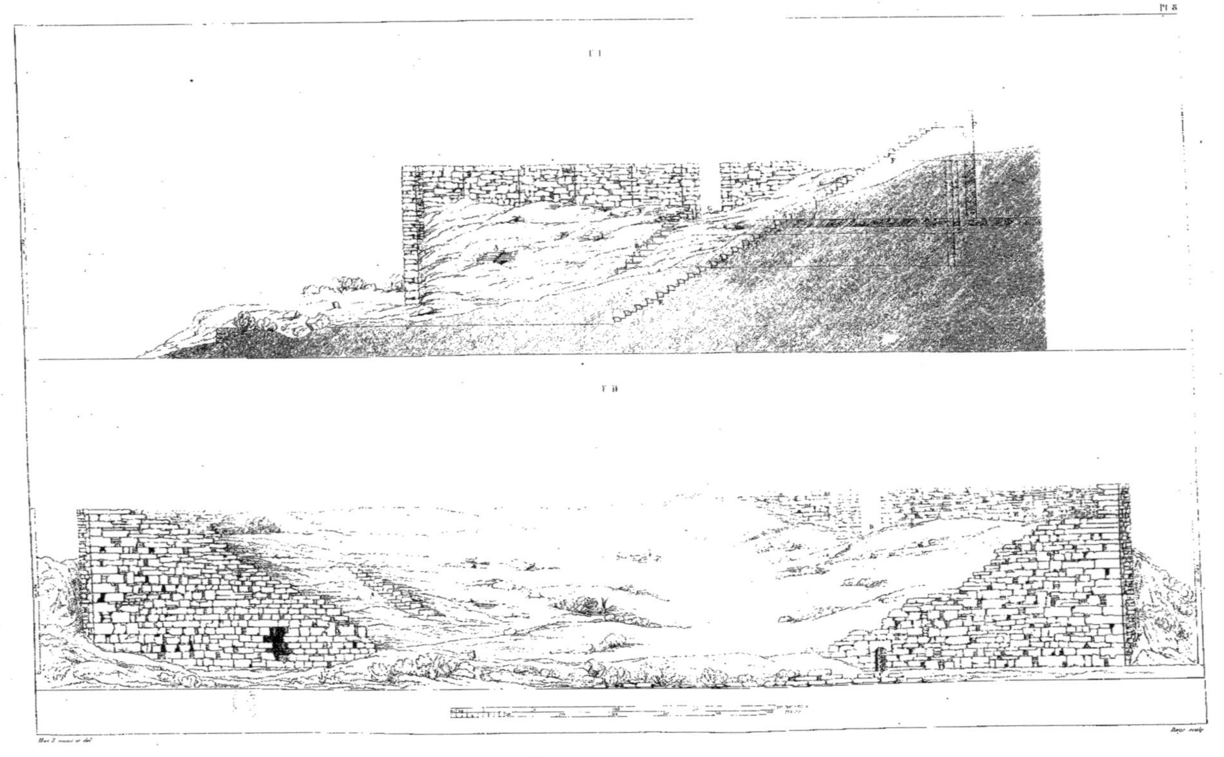

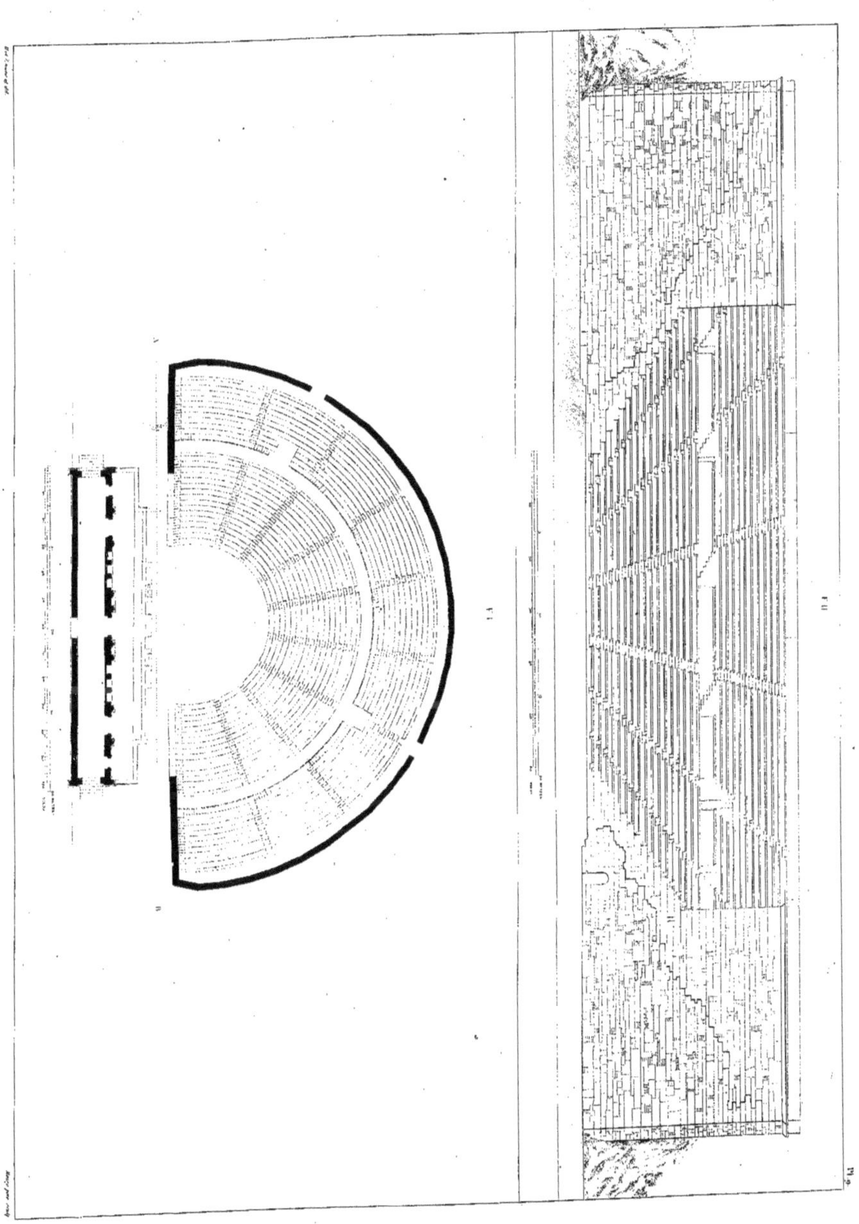

Pl. 10

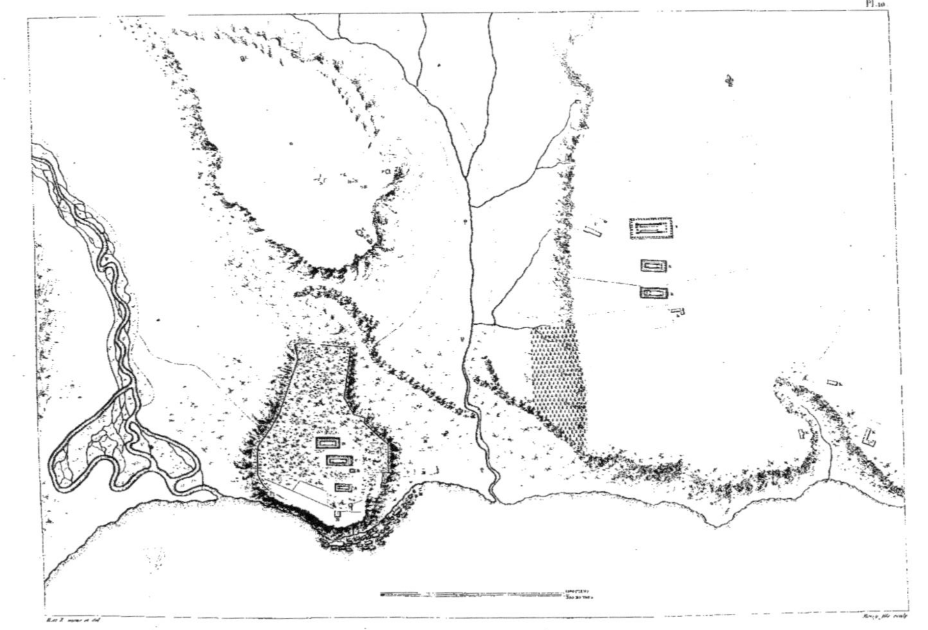

Pl. 12.

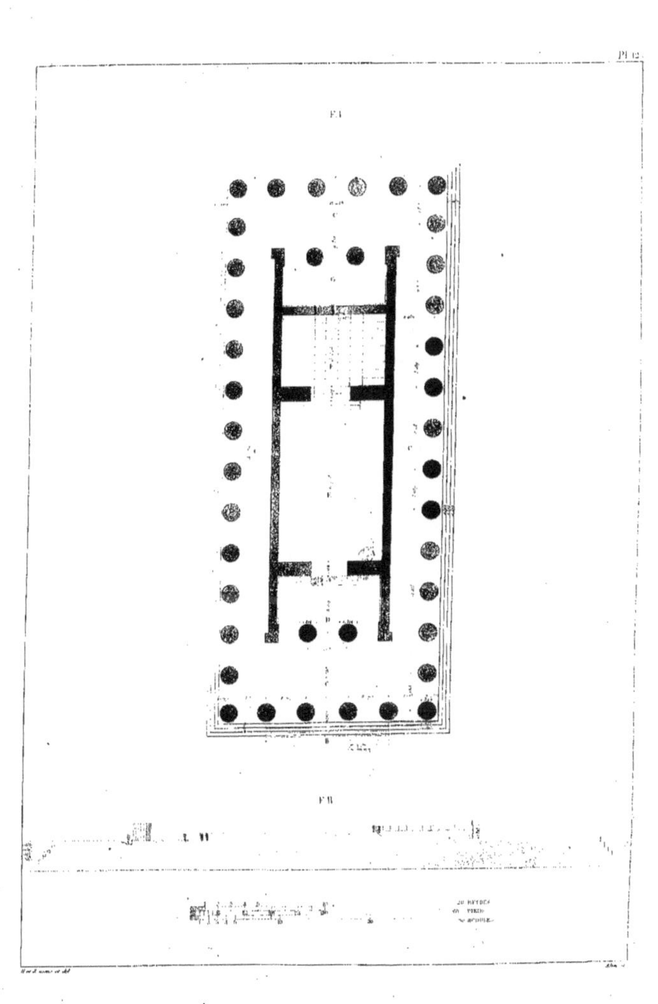

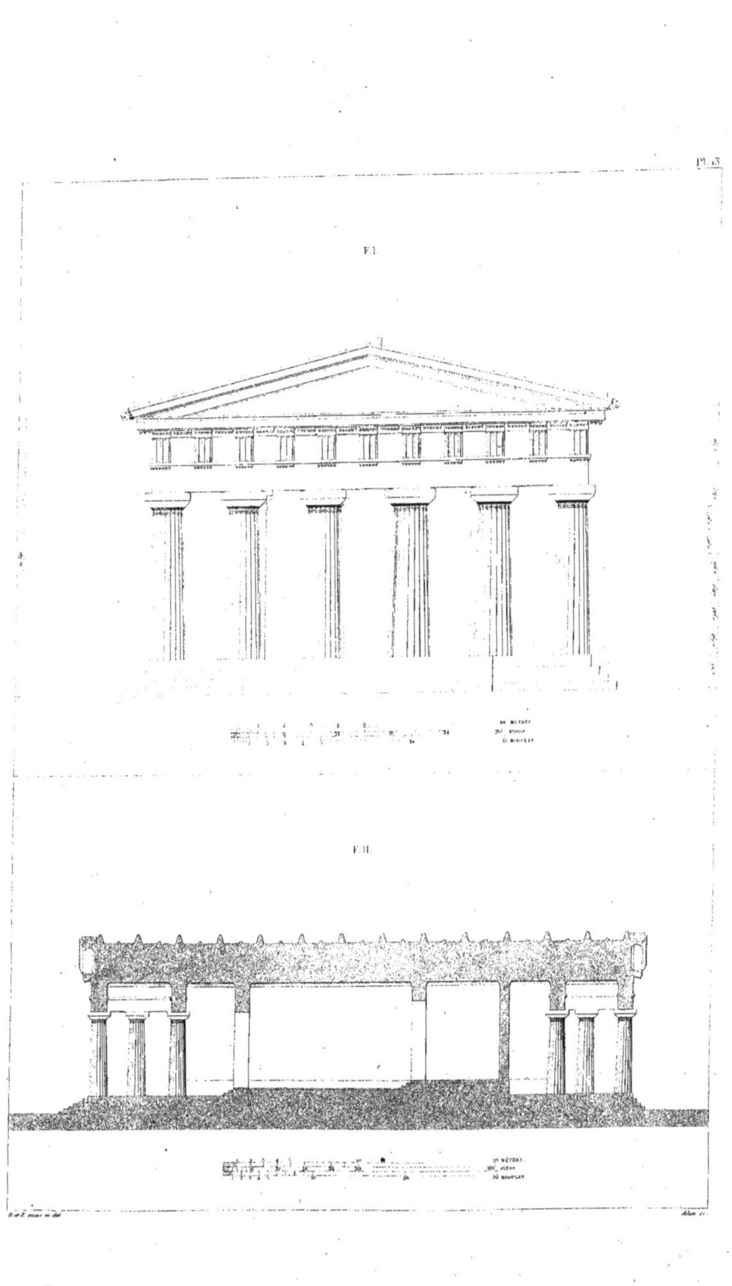
Pl. 13
F. I.
F. II.

Pl. 14

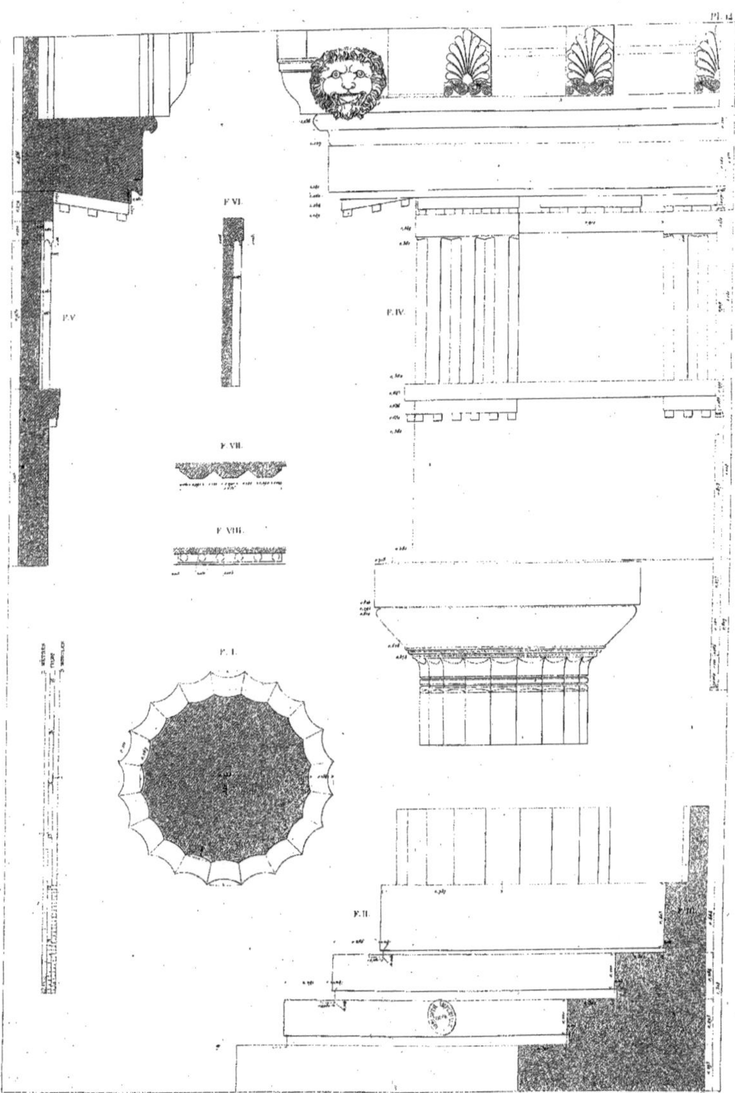

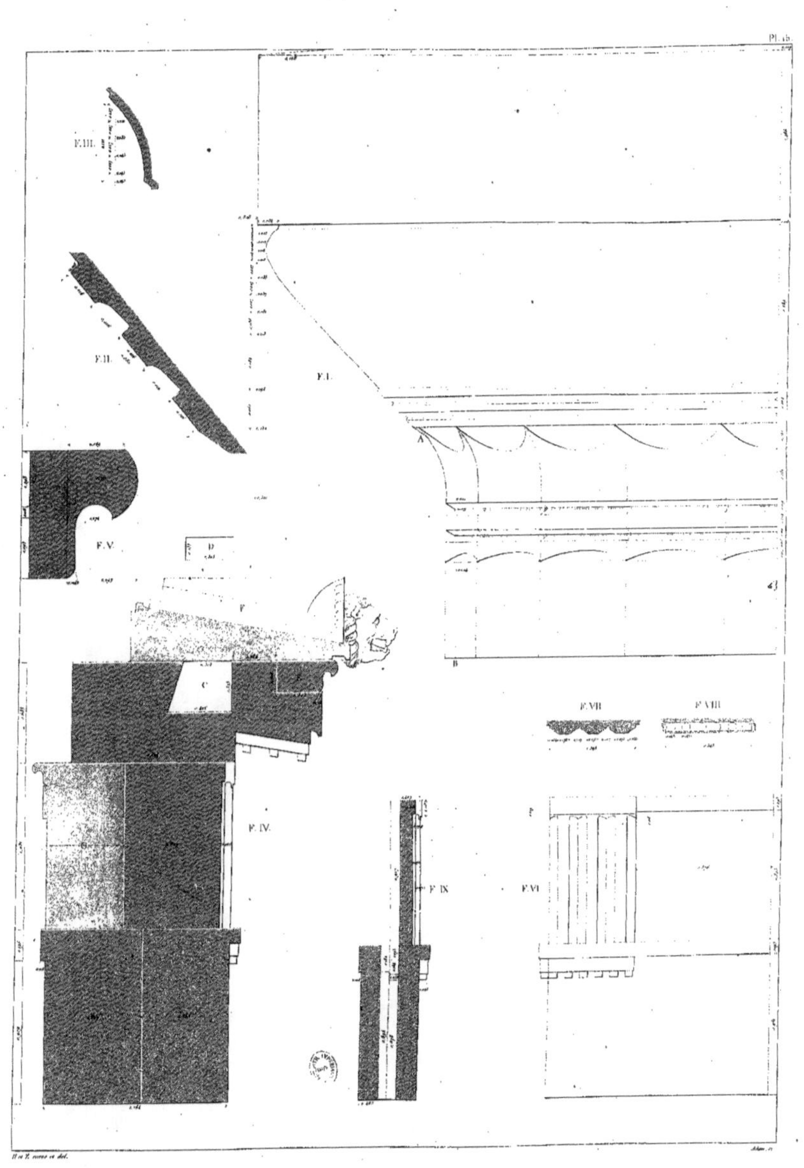

H. et T. curav. et del.

Pl. 16.

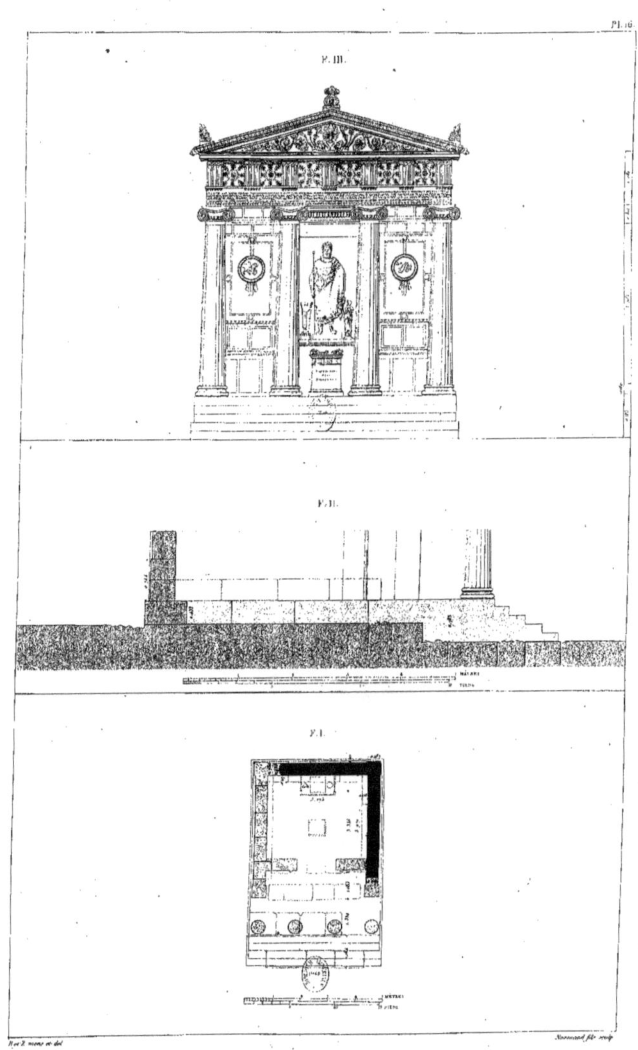

Rev. Renons et del. Normand fils sculp.

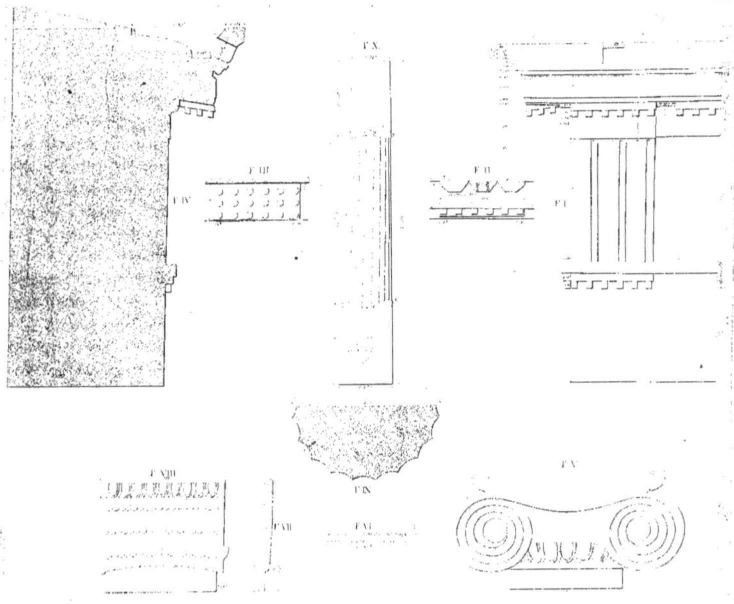

Pl. 18

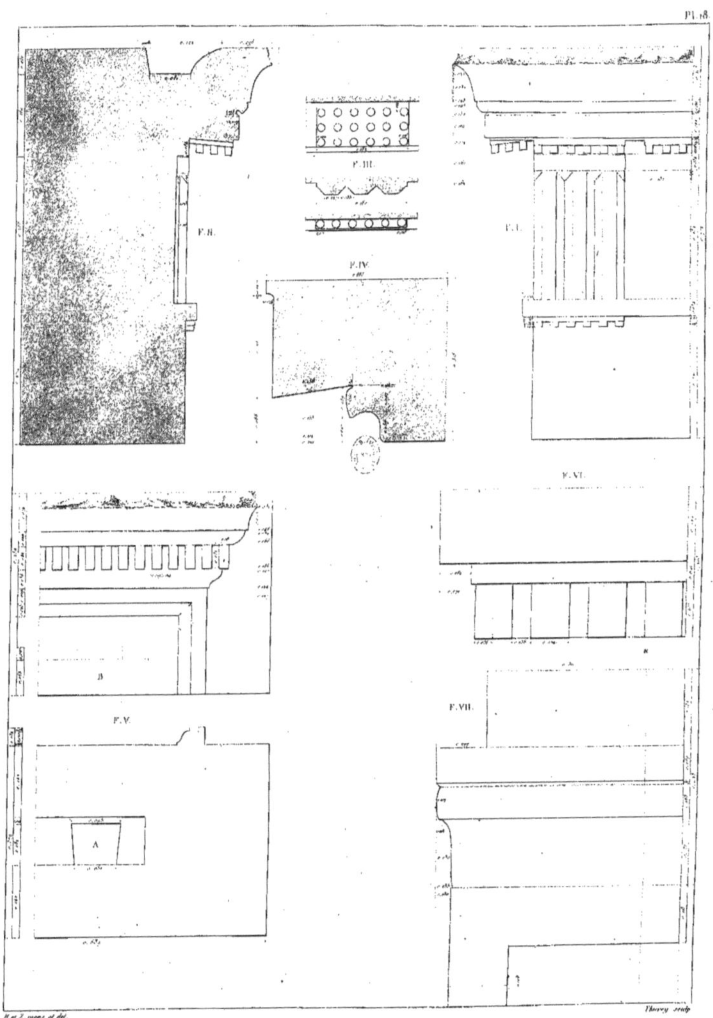

H. et Z. mons et del. Thierry sculp.

Pl. 19.

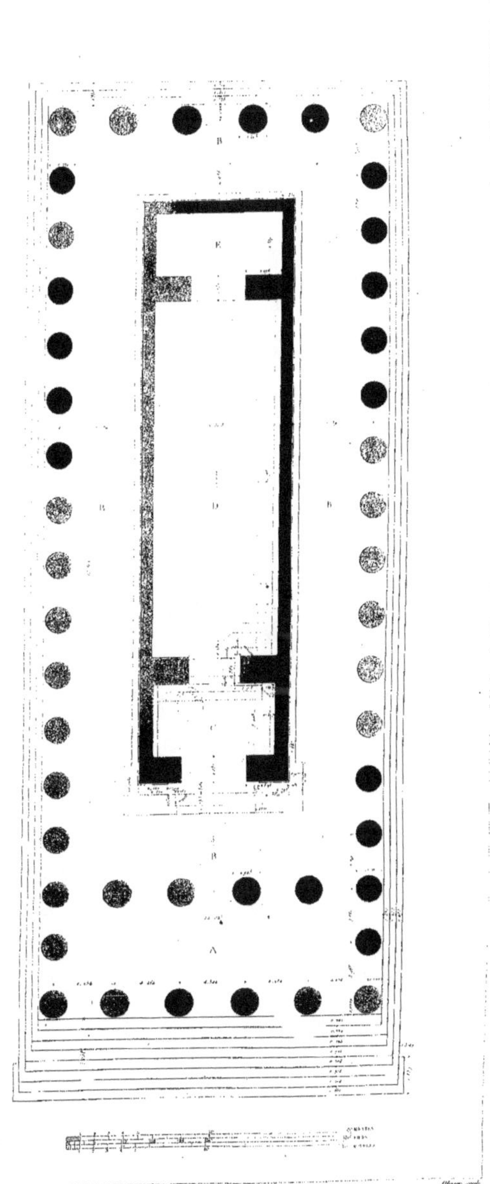

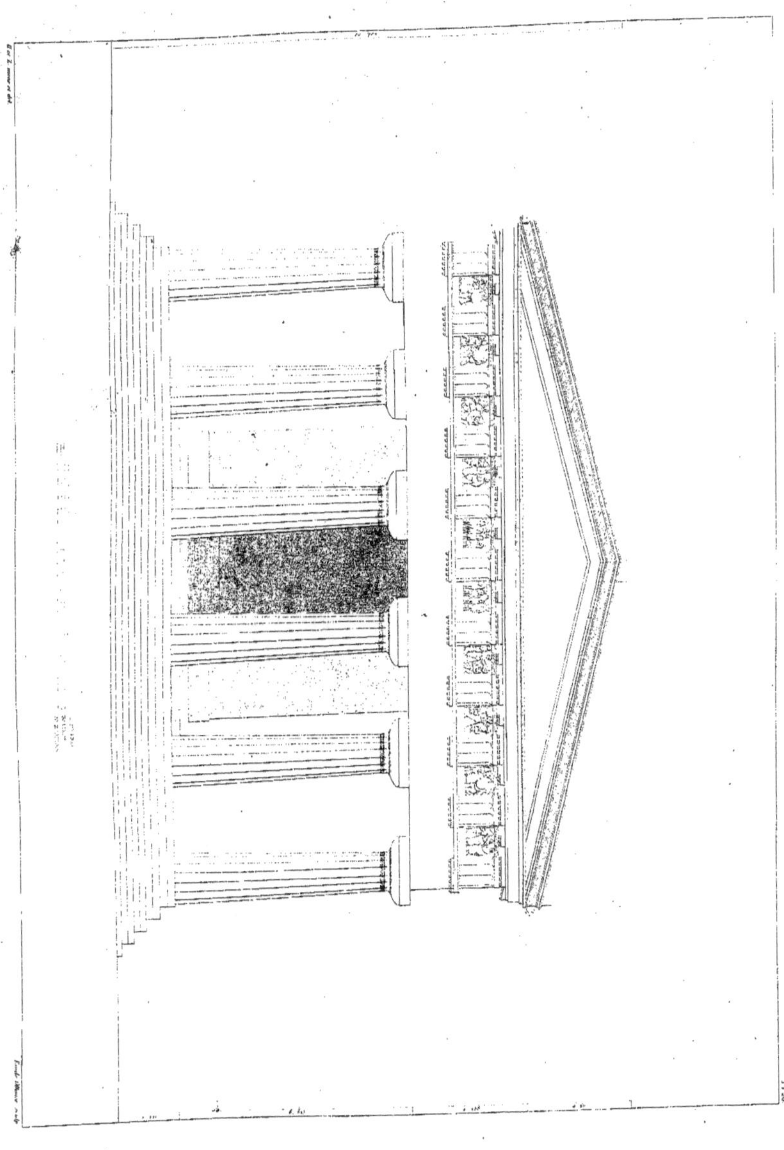

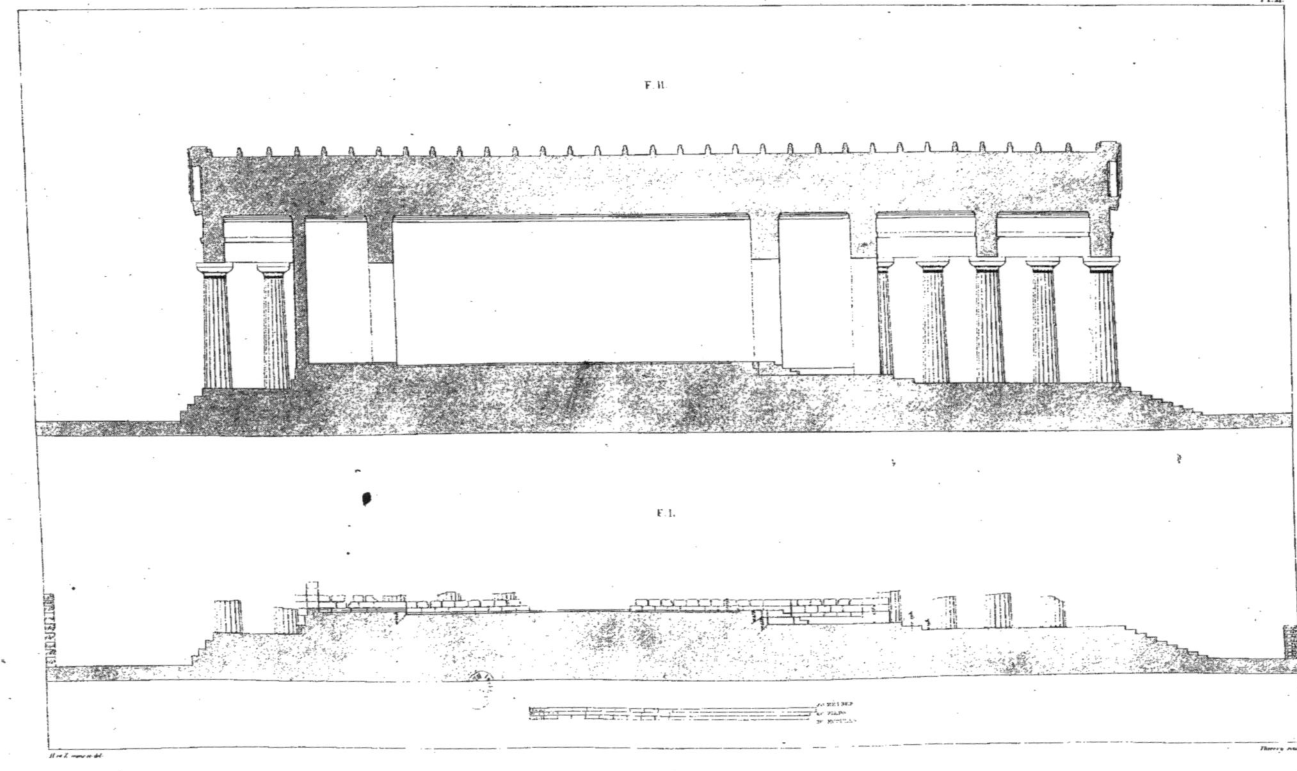
F. II.
F. I.

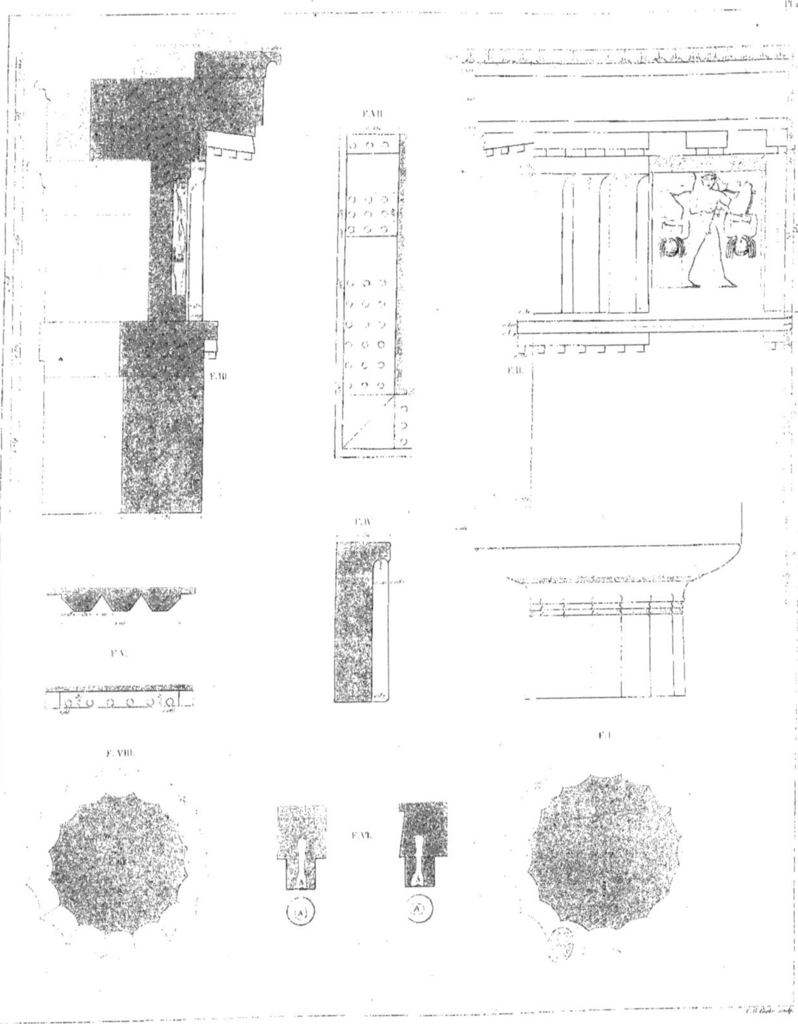

H. et L. ... et del.

... sculp.

F. I.

F. II.

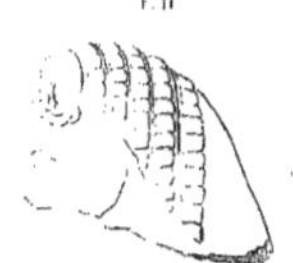

F. III.

Pl. 25

F. I

F. II

F. III

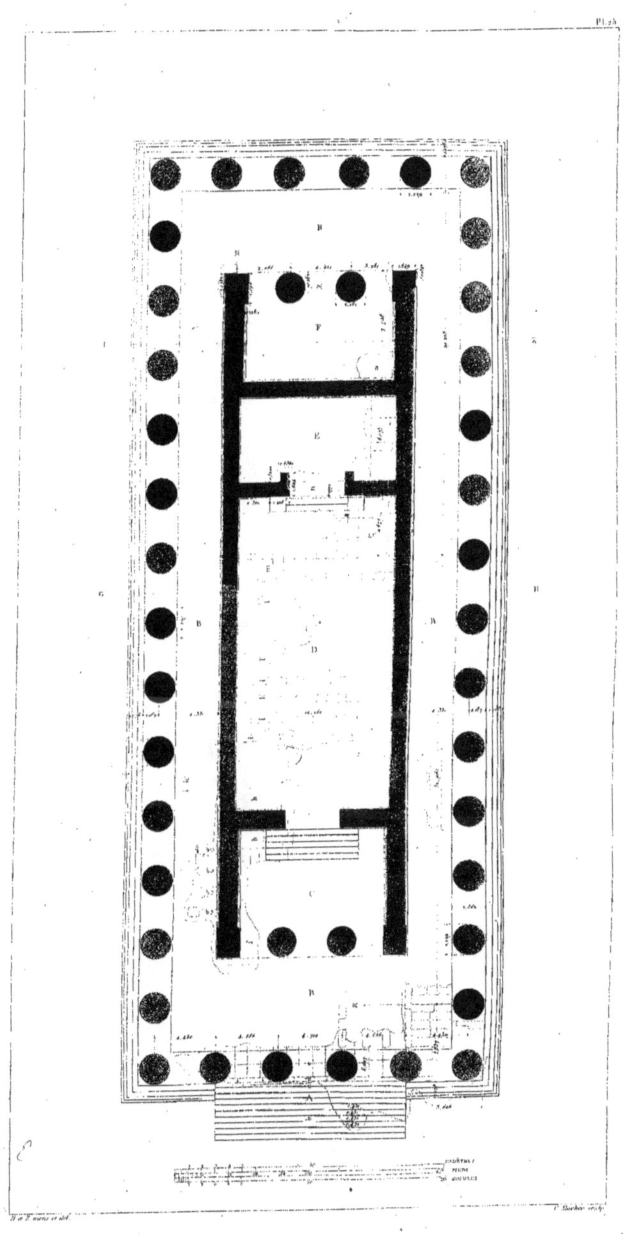

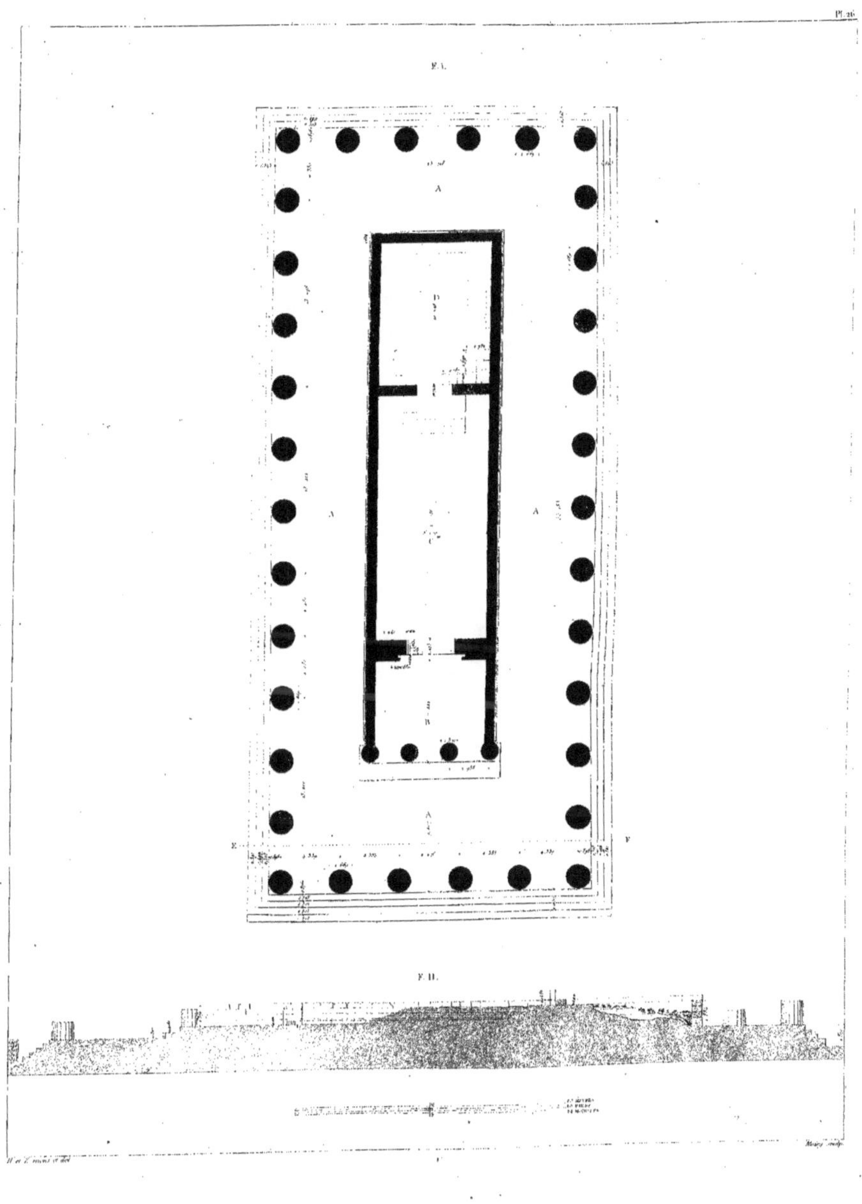

Pl. 27

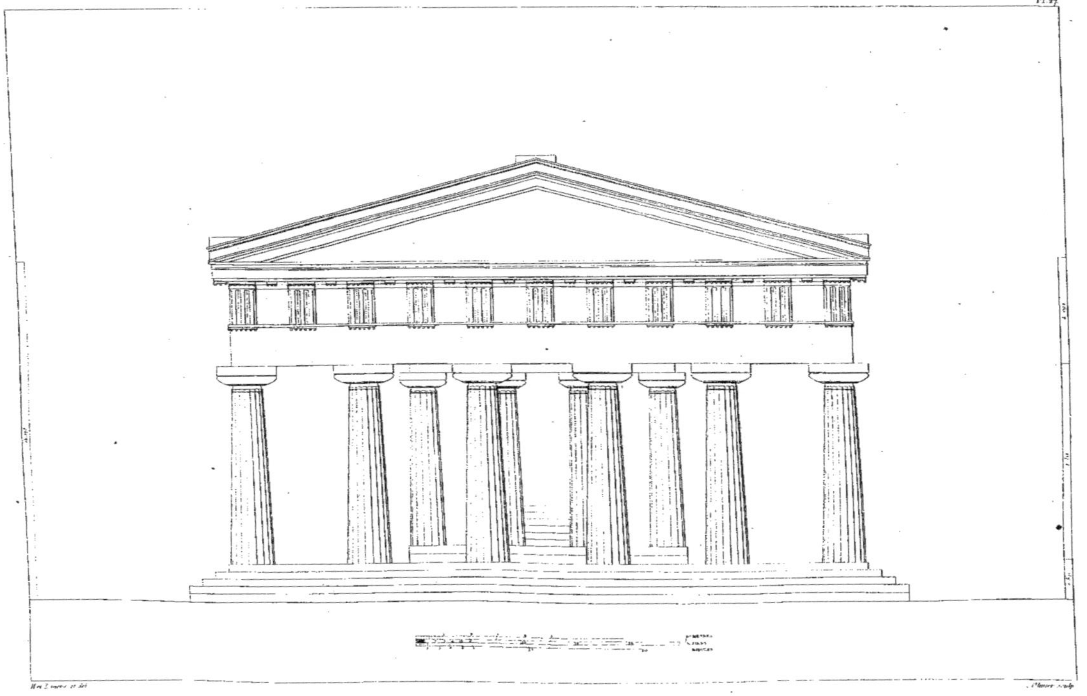

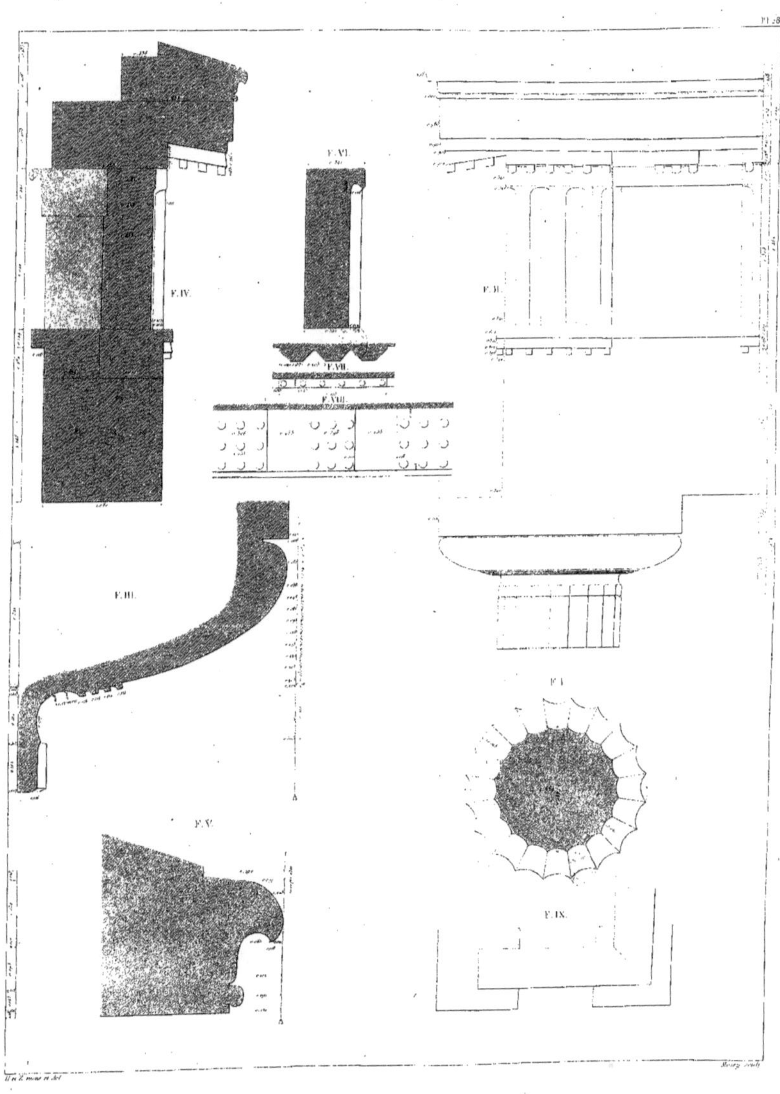
F. IV.
F. VI.
F. VII.
F. VIII.
F. II.
F. III.
F. I.
F. V.
F. IX.

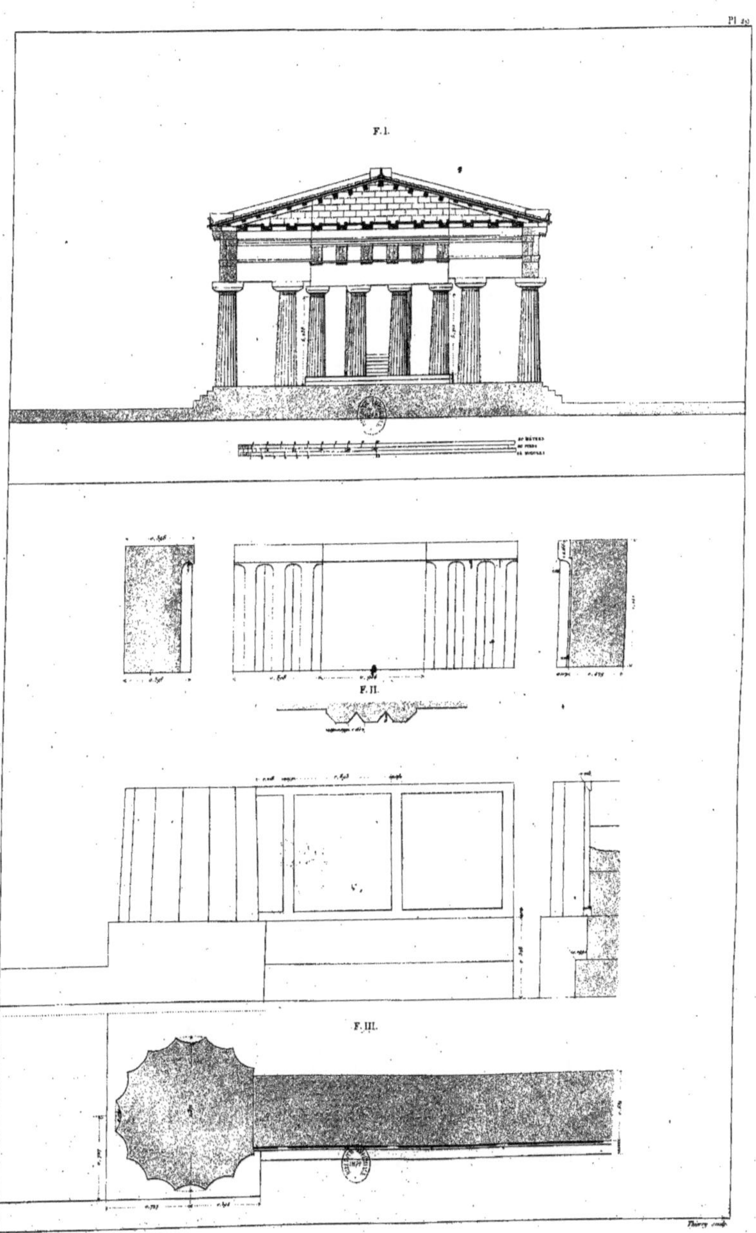

H. et R. mens. et del.

Thierry sculp.

Pl. 32

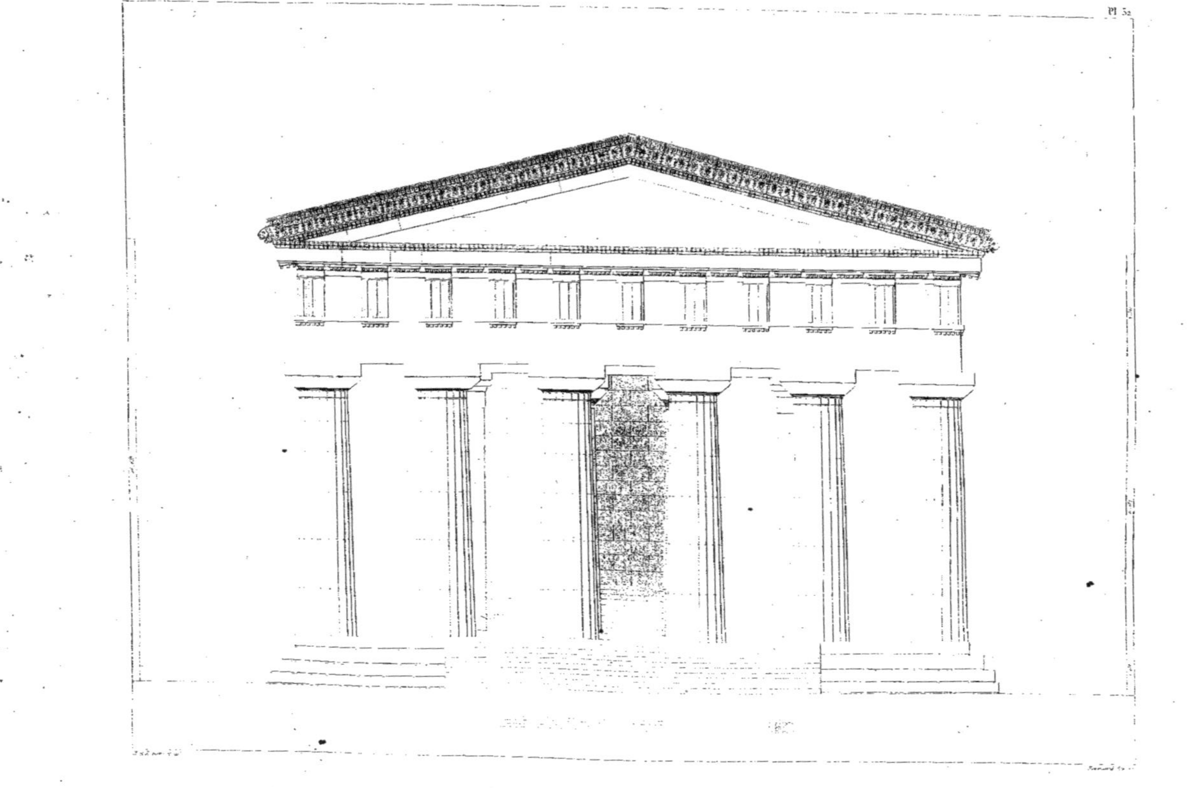

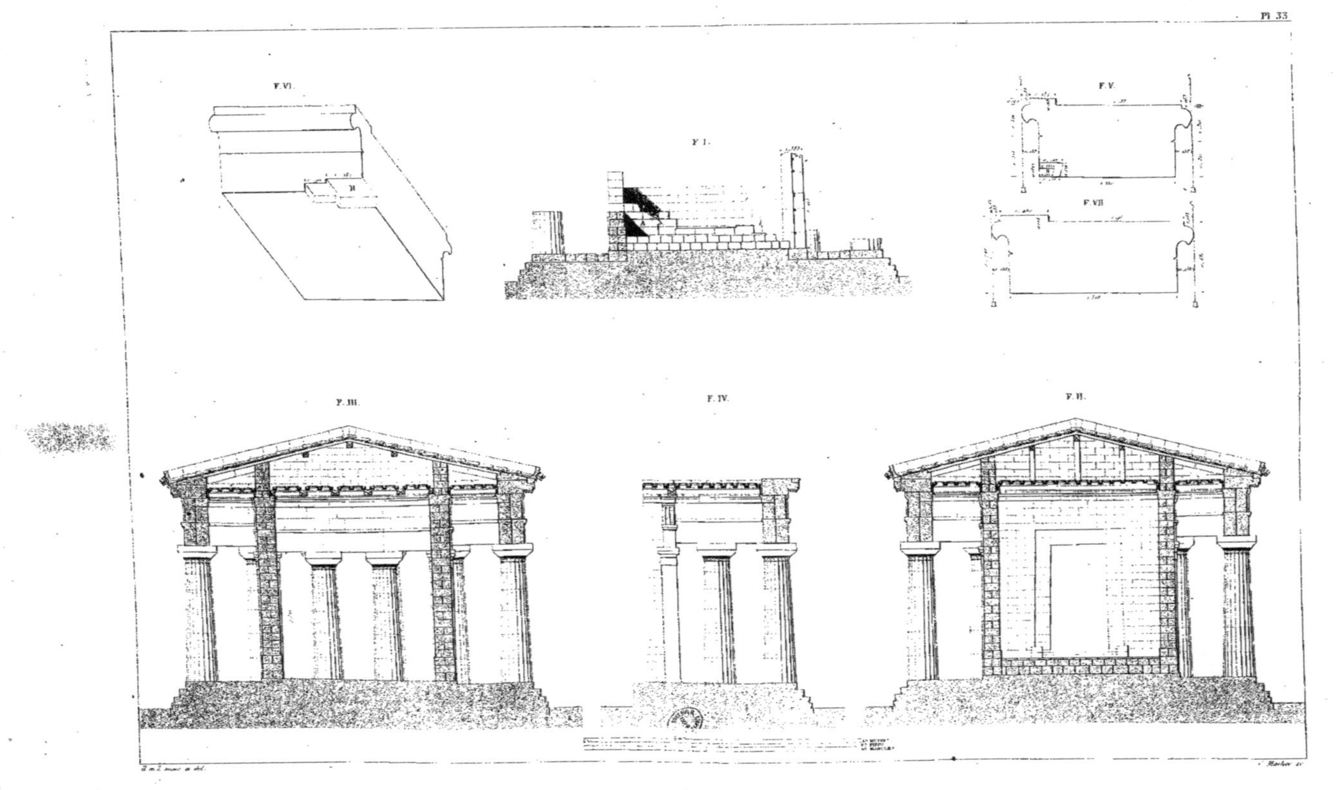
F. VI.
F. I.
F. V.
F. VII.
F. III.
F. IV.
F. II.

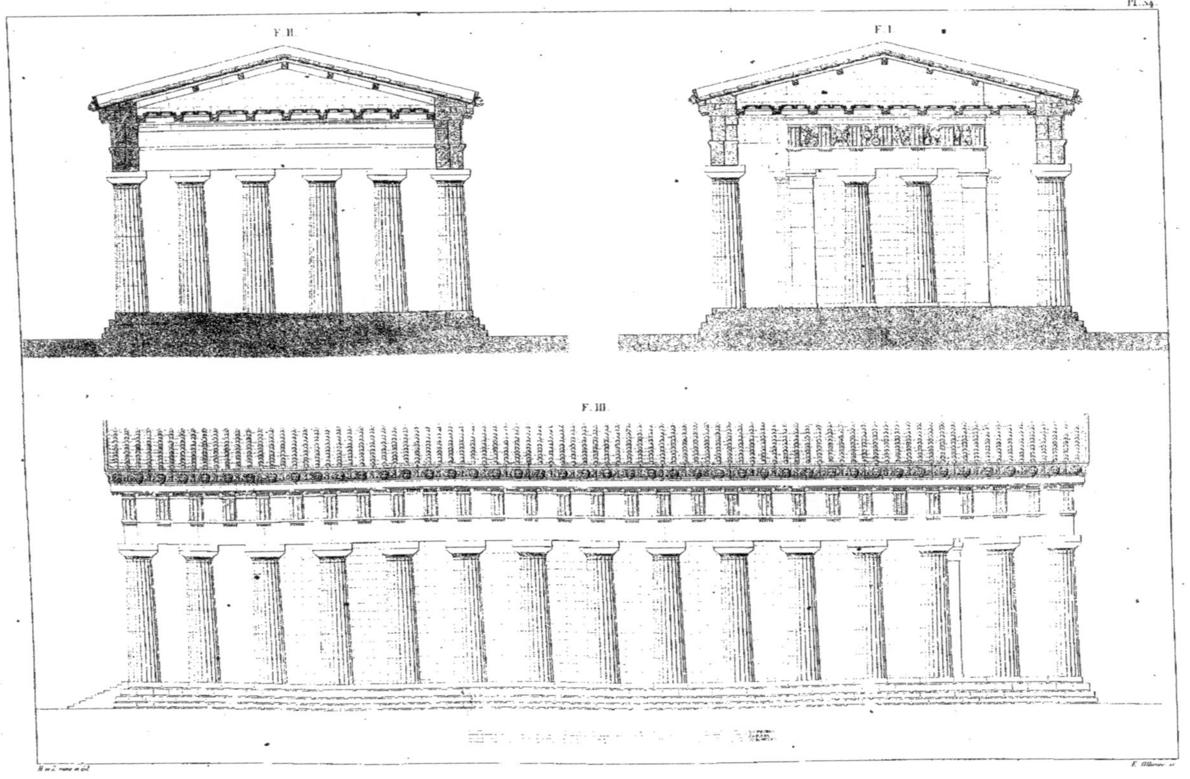
F. II.
F. I.
F. III.

Pl. 35

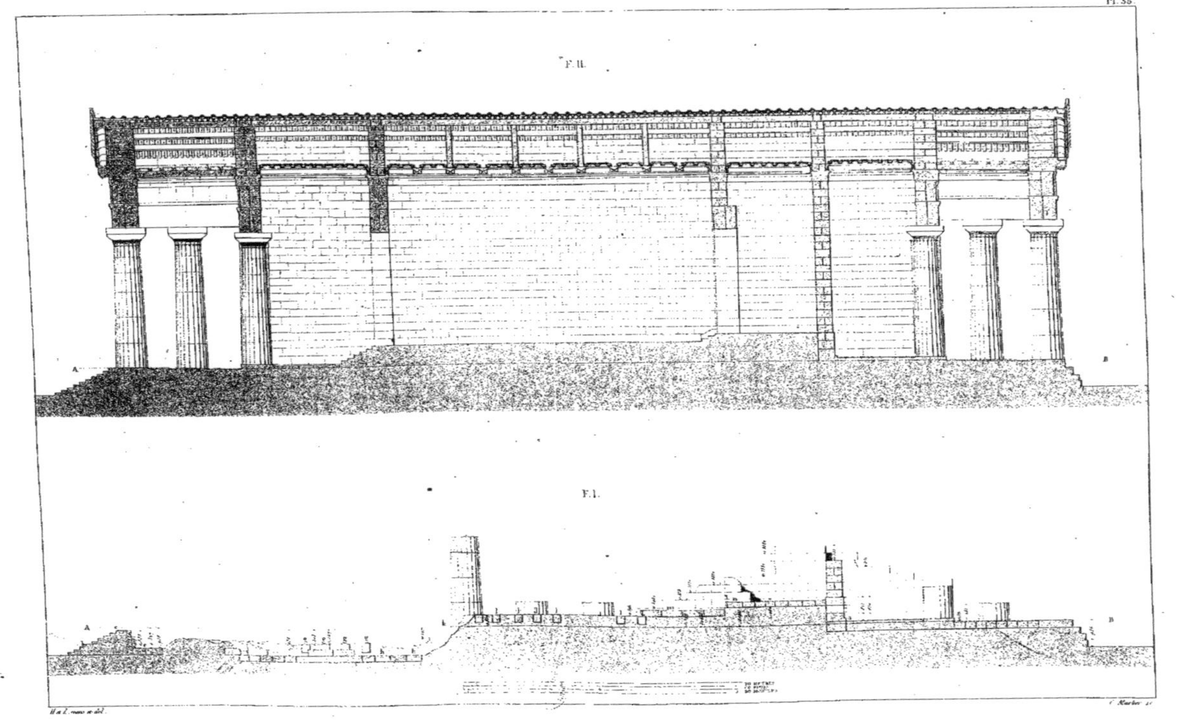

Pl. 56.

B A

F. IV F. III

F. I. F. II.

C D

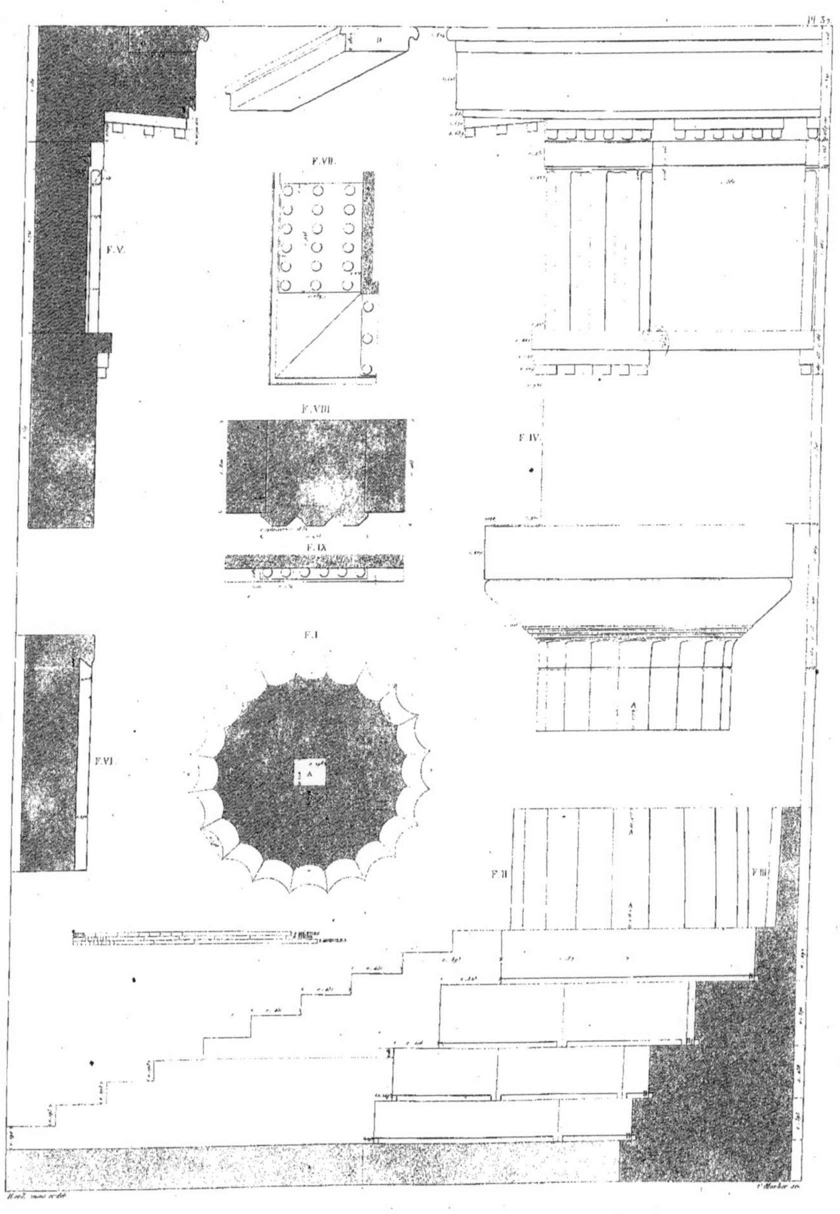

Pl. 37
F. VII.
F. V.
F. VIII
F. IX
F. IV.
F. I
F. VI.
F. II
F. III

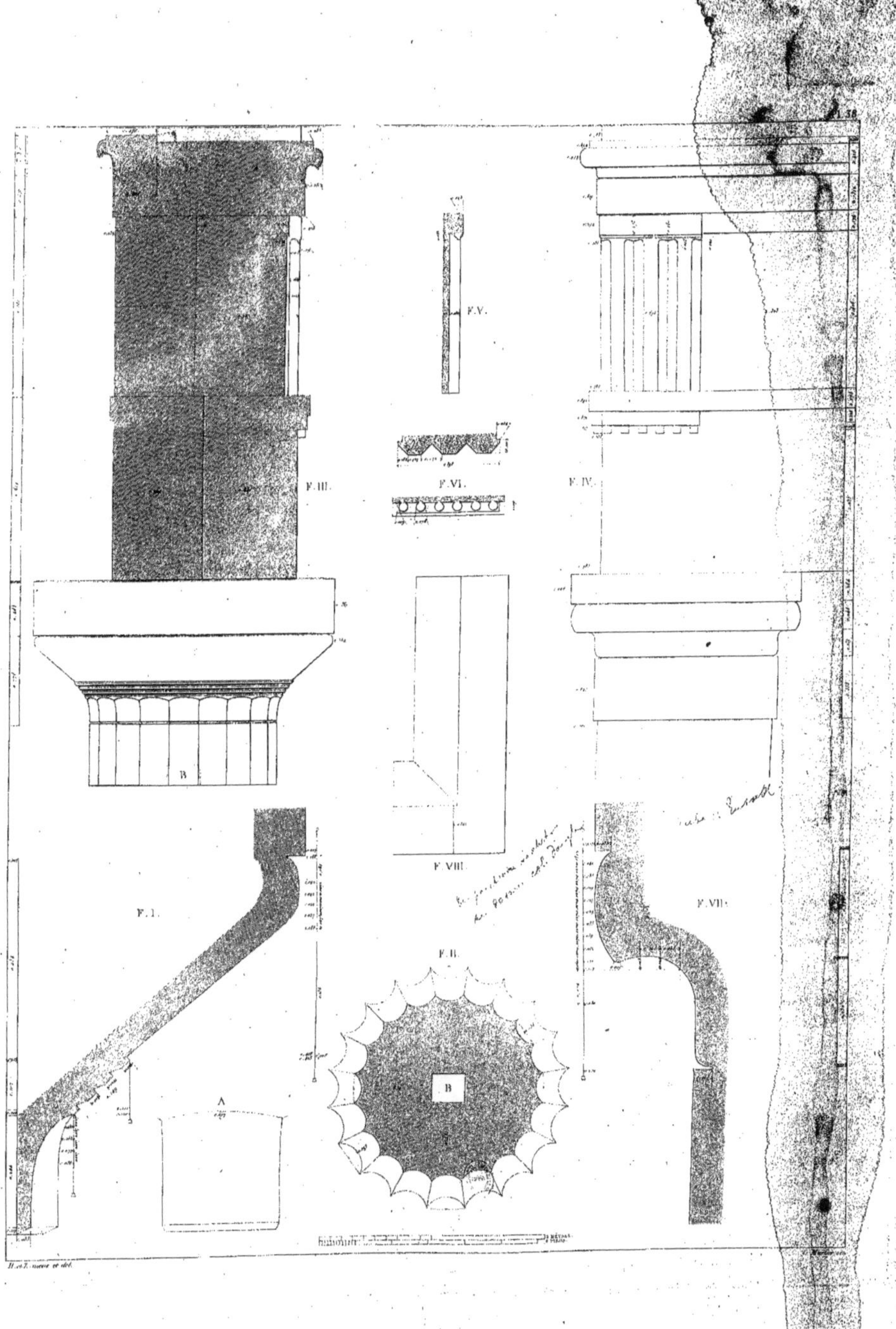
F. I.
F. II.
F. III.
F. IV.
F. V.
F. VI.
F. VII.
F. VIII.
A
B

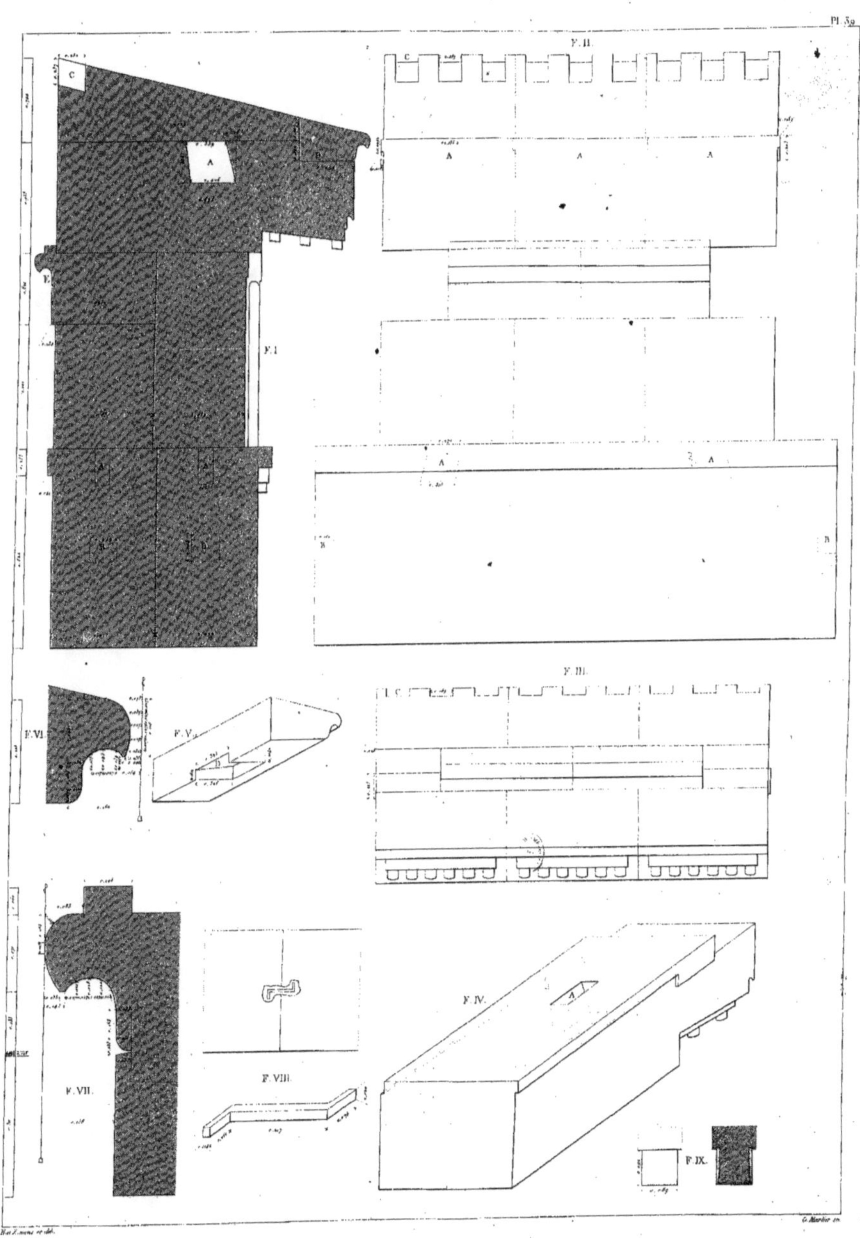

Baltzinger del.

G. Marbie sc.

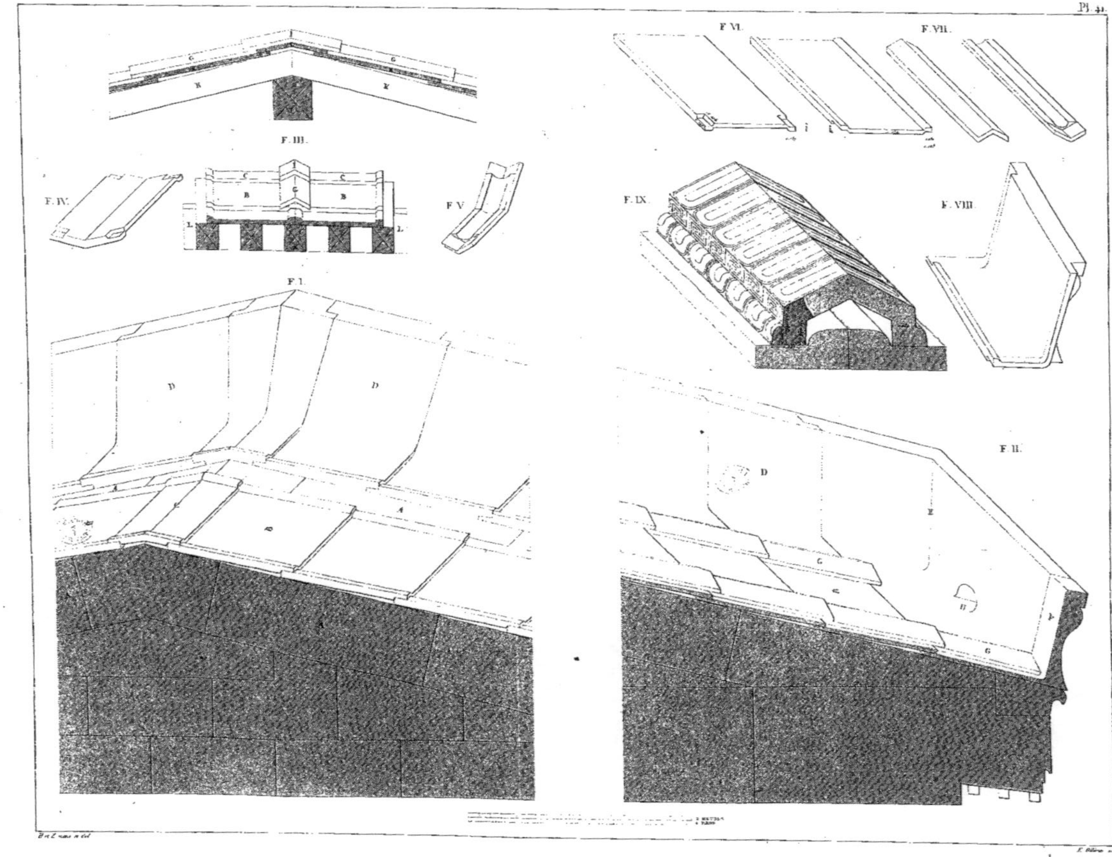

Pl. 41.
F. III.
F. IV.
F. V.
F. I.
F. VI.
F. VII.
F. IX.
F. VIII.
F. II.

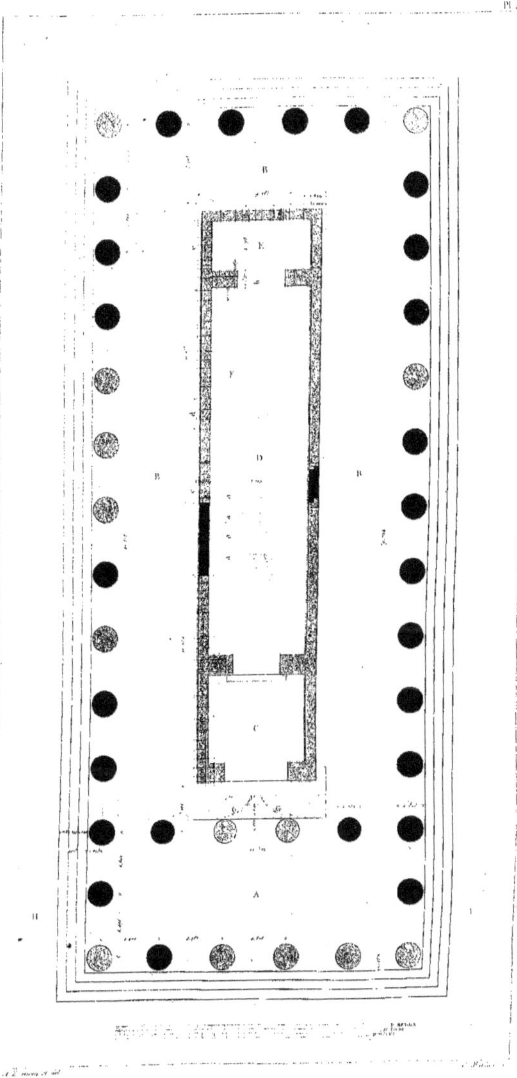
B
E
F
D
B
B
C
A
H
I

Pl. 43.

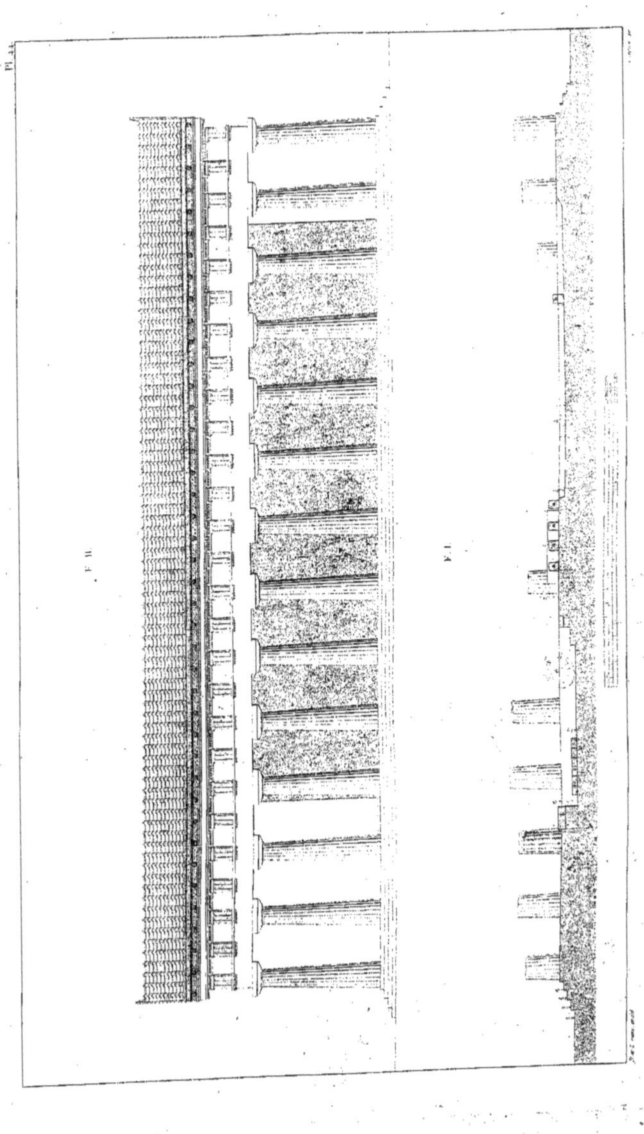

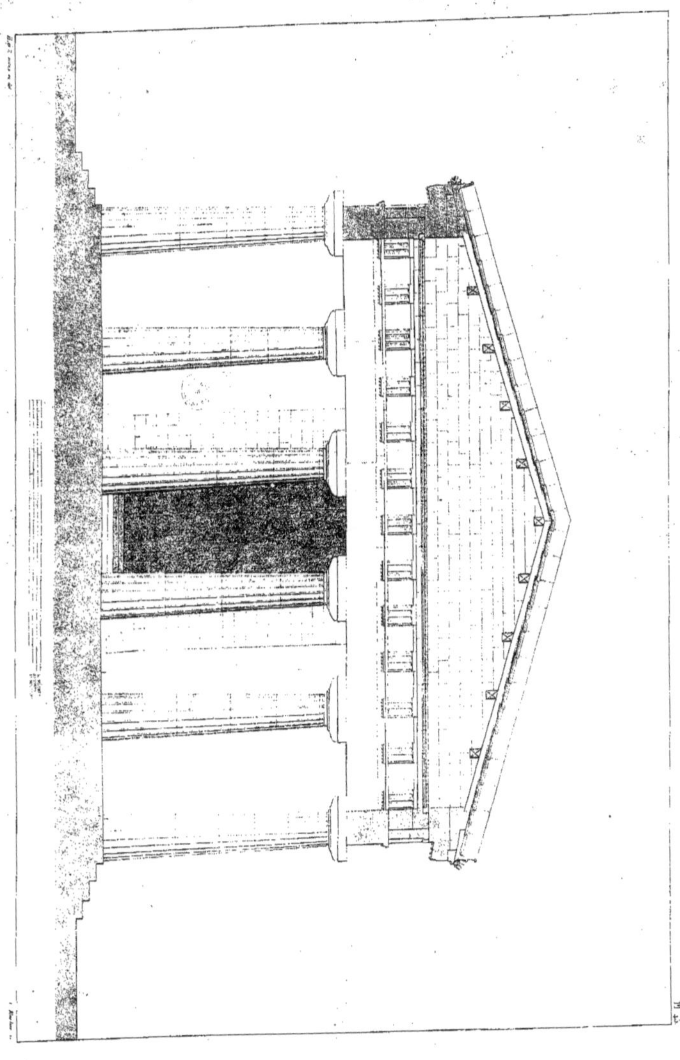

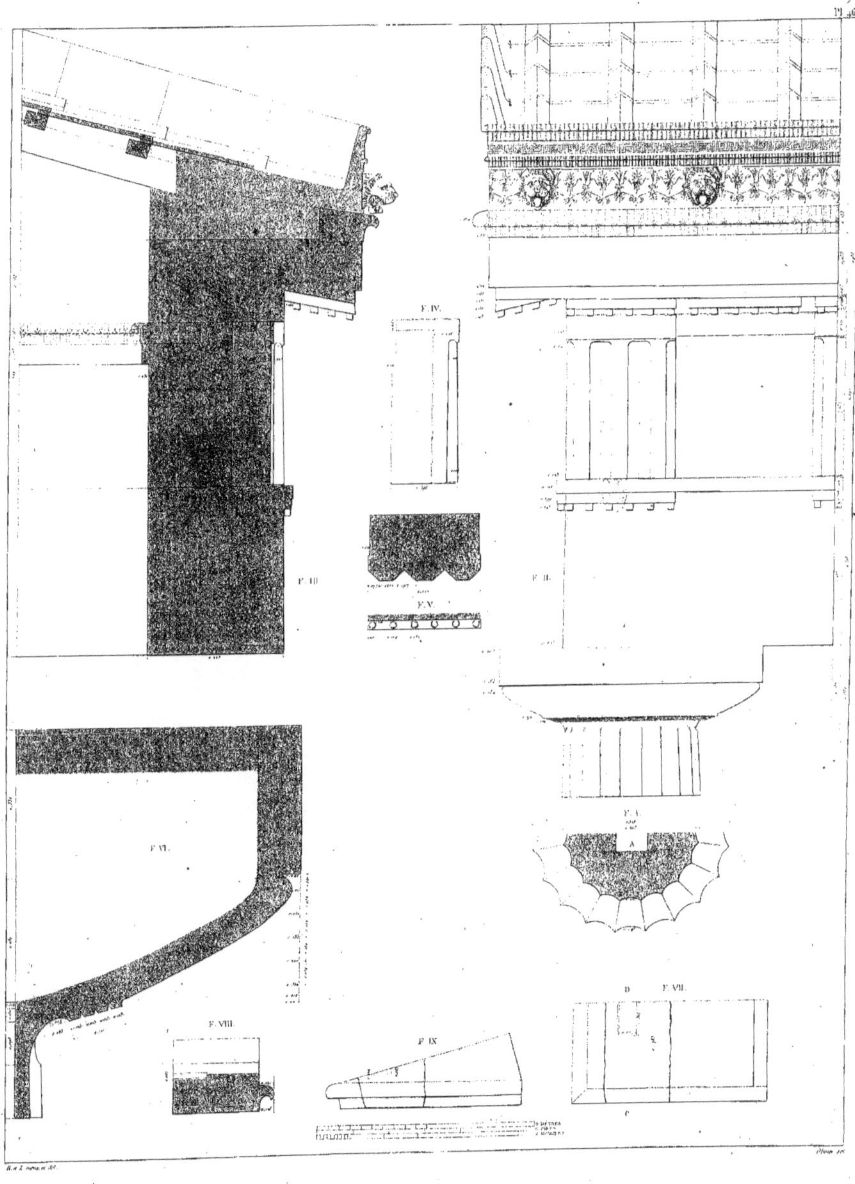
F. IV.
F. III.
F. V.
F. II.
F. I.
A
F. VI.
D
F. VII.
C
F. VIII.
F. IX.

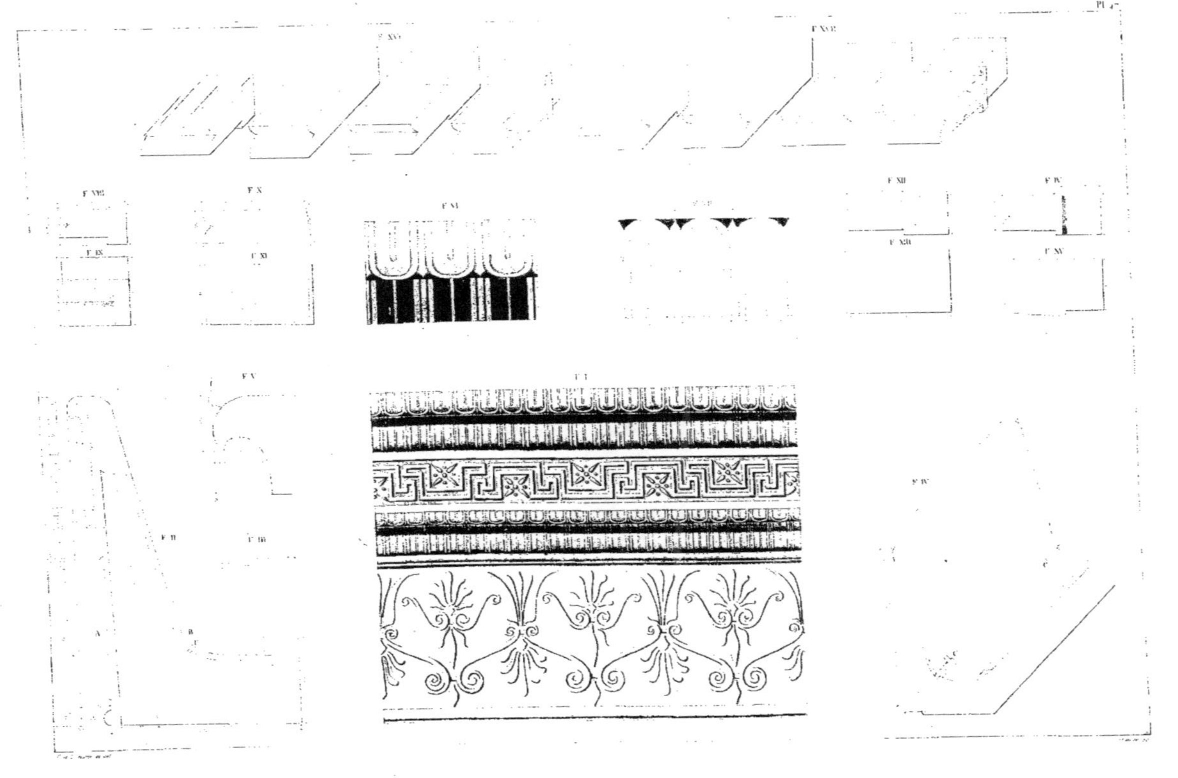
Pl. 4

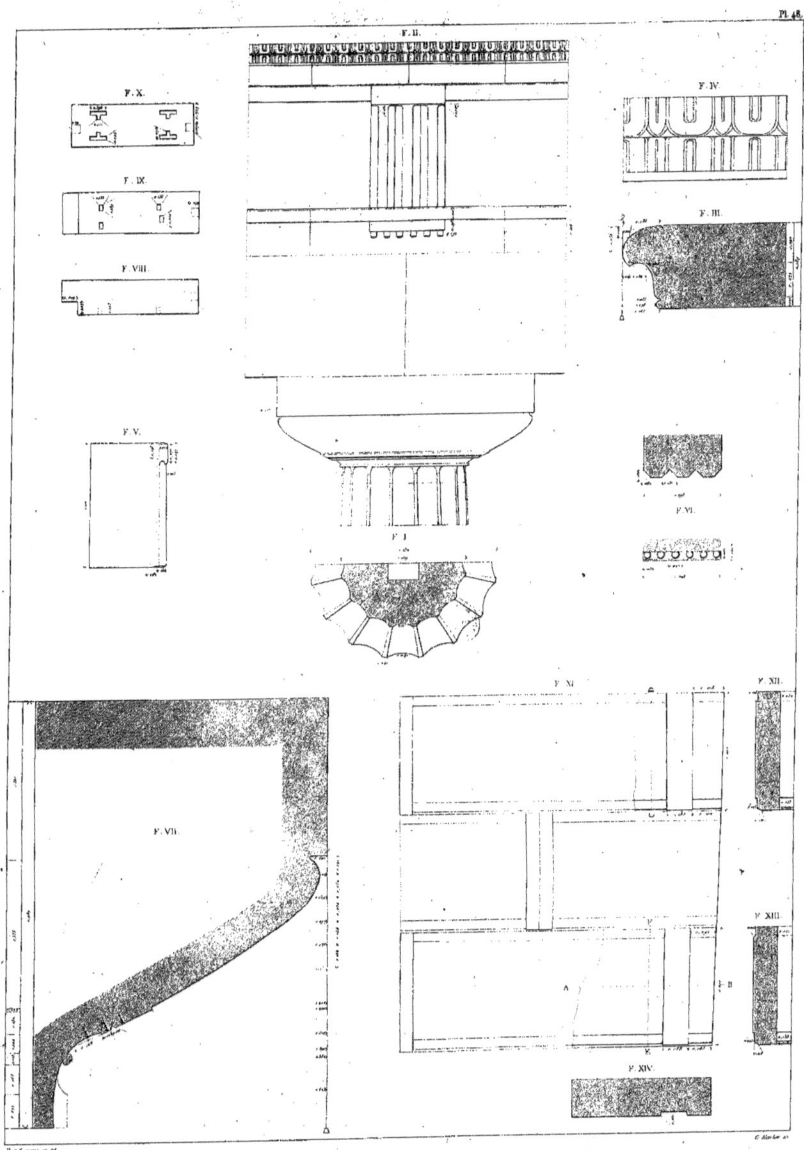
F. I.
F. II.
F. III.
F. IV.
F. V.
F. VI.
F. VII.
F. VIII.
F. IX.
F. X.
F. XI.
F. XII.
F. XIII.
F. XIV.

F. I.

Pl. 49.

F. III.

F. II.

www.ingramcontent.com/pod-product-compliance
Lightning Source LLC
LaVergne TN
LVHW020348230826
846091LV00003B/1037

* 9 7 8 2 0 1 2 8 7 8 5 1 8 *